Shirley-Dale Easley, Kay Mitchell

Arbeiten mit Portfolios

Schüler fordern, fördern und fair beurteilen

Verlag an der Ruhr

Impressum

Titel:
Arbeiten mit Portfolios – Schüler fordern, fördern und fair beurteilen

Titel der kanadischen Originalausgabe:
Portfolios Matter – What, Where, When, Why and How to Use Them
© 2003 by **Pembroke Publishers**, 538 Hood Road, Markham, Ontario, Canada L3R 3K9

Verlag an der Ruhr
Postfach 10 22 51, D–45422 Mülheim an der Ruhr
Alexanderstraße 54, D–45472 Mülheim an der Ruhr
Tel.: 02 08/439 54 50, Fax: 02 08/439 54 239
E-Mail: info@verlagruhr.de, **www.verlagruhr.de**

© *der deutschsprachigen Ausgabe:*
Verlag an der Ruhr 2004
ISBN 978-3-86072-869-7

Autorinnen:
Shirley-Dale Easley, Kay Mitchell

Übersetzung:
Susanne Schmelzer

Druck:
Druckerei Uwe Nolte, Iserlohn

geeignet für die Klasse **1 2 3 ... 11 12 13**

*Die Schreibweise der Texte folgt der neuesten Fassung
der Rechtschreibregeln – gültig seit August 2006.*

Gedruckt auf chlorfrei gebleichtes Papier.

Alle Vervielfältigungsrechte außerhalb der durch die Gesetzgebung eng
gesteckten Grenzen (z.B. für das Fotokopieren) liegen beim Verlag.
Der Verlag untersagt ausdrücklich das Speichern und Zur-Verfügung-Stellen
dieses Buches oder einzelner Teile davon im Intranet, Internet oder
sonstigen elektronischen Medien. Kein Verleih.

Widmung

Gewidmet ...

... meinem *Enkelsohn Jordan*, der gerade seine Reise
als lebenslanger Lerner begonnen hat.

... meinem *Ehemann* und bestem Freund, *Bob Mitchell,*
für seine Geduld und Unterstützung.

... meiner *Tochter Suzanne* und meinem
Schwiegersohn Dan.
Danke, dass ihr immer da gewesen seid.

Kay

Gewidmet ...

... meinen *Kindern Rob, Tom und Julie*.
Danke, dass ihr mit mir durch dick und dünn
gegangen seid und dass ihr mir klar gemacht habt,
dass alles möglich ist.

... meiner *Mutter Eleanor Belmore*.
Danke dafür, dass du in deinen Kindern
die Liebe zum Lernen geweckt hast.

Shirley-Dale

Danksagung

Wir danken allen Lehrern, die an unseren Workshops teilgenommen haben, für ihre Anregungen und die wertvollen
Fragen. Aufgrund dieser Fragen mussten wir unsere Antworten immer wieder
gründlich überdenken. Die damit verbundene Recherchearbeit führte zu
diesem Buch.

Wir danken den Lehrern unserer Schule dafür, dass sie uns bei der Suche nach
besseren Bewertungsmethoden unterstützt haben. Wir alle waren gleichzeitig
Lehrer und Lernende, und die Kollegialität hat uns all die Jahre in unserem
Bemühen bestärkt. Ganz besonders dankbar sind wir unseren Kolleginnen
Brenda Ward und *Sandra McNeill* für ihren beständigen Rückhalt und ihre
Schaffensfreude.

Wir danken unseren Schülern, wo immer sie jetzt sein mögen, für ihre Energie,
ihr Vertrauen und ihre Bereitschaft neue Ideen mit Engagement und Fantasie
auszuprobieren.

Wir wissen die Unterstützung und das Feedback von den Eltern unserer Schüler
zu schätzen. Sie haben unser Projekt von den Anfängen bis zur Vollendung mit
konstruktiver Kritik begleitet.

Wir danken folgenden Personen vom Kultusministerium in New Brunswick,
Kanada, für ihre Hilfe: *Tom Hanley*, Referatsleiter für berufliche Weiterbildung
und Innovation, für seine kontinuierliche Unterstützung und sein Interesse an
all unseren Ideen und beruflichen Zielen; *Darlene Whitehouse-Sheehan*, stellvertretende Referatsleiterin für Lehrplanentwicklung, die uns ermunterte, unsere
Erfahrungen und Erkenntnisse mit anderen Lehrern zu teilen, indem sie unsere
ersten Workshops möglich machte, und *Colleen Sprague*, stellvertretende
Referatsleiterin Evaluation, die uns half, die Leistungsbewertung mit Portfolios
auf kommunaler Ebene vorzustellen.

Wir danken Sheree Fitch, von der die Idee stammt, ein Buch zu verfassen.

Unser Dank gilt ferner Mary Macchiusi für ihr Verständnis, ihren Zuspruch und
ihre guten Ratschläge, sowie *Cynthia Young*, die das Manuskript einfühlsam
Korrektur gelesen und redigiert hat.

Besonders herzlichen Dank an Julie Easley und Bob Mitchell, die unsere Vertrauten
waren, uns zuhörten, kritisierten und uns Boten- und Fahrdienste erwiesen.
Ihr unermüdlicher Einsatz und ihre Hilfe bei der Realisierung dieses Projektes
gehen weit über das hinaus, was man Pflichtbewusstsein nennen kann.

Inhaltsverzeichnis

9 | Vorwort

Kapitel 1:
13 | **Ausgewogenes Lernen und Portfolios**

15 | Wie ich in der Klasse eine ausgeglichene
Lernatmosphäre schaffe

17 | *Praxisbeispiel:* Das Problem am Beispiel von Zeugnisnoten

23 | Ausgewogene Leistungsbewertung
in einem ausgewogenen Unterricht

29 | Die Bedeutung von Portfolios
in einem ausgewogenen Unterricht

Kapitel 2:
33 | **Grundlagen für die Arbeit mit Portfolios**

35 | Maßnahmen für erfolgreiche Portfolio-Arbeit ergreifen

35 | Allgemeine Fragen zur Gestaltung und Einführung
der Arbeit mit Portfolios

40 | *Praxisbeispiel:* Mit Ausgangsbeispielen arbeiten

42 | Kriterienraster erarbeiten: Was Sie wissen müssen!

Kapitel 3:
49 | **Leistungsbewertung mit Portfolios**

51 | Der Unterschied zwischen Portfolios und Arbeitsmappen

59 | *Praxisbeispiel:* Schüler reflektieren das eigene Lernen

65 | Materialien, Zeitrahmen und Aufbewahrung

74 | *Praxisbeispiel:* Das Portfolio in der Sekundarstufe

Kapitel 4:

77 | **Was gehört in ein Portfolio?**

81 | *Praxisbeispiel:* Von unterschiedlichen Klassenstufen an lernen

88 | Leistungsbewertung mit Portfolios und
fächerübergreifende Einsatzmöglichkeiten

95 | *Praxisbeispiel:* Wie wir unseren Schülern geholfen haben,
mathematische Schreibfertigkeit zu entwickeln

Kapitel 5:

105 | **Portfolio-Gespräche**

107 | Sich über das Portfolio austauschen

107 | Elterngespräche und schülergeleitete Gespräche

109 | Wie beziehe ich die Eltern ein?

115 | *Praxisbeispiel:* Elternkommentare zu Portfolio-Präsentationen

118 | Planung von schülergeleiteten Gesprächen

124 | Schülergeleitete Gespräche einführen

126 | *Praxisbeispiel:* Lehrer berichten über ihre Erfahrungen
mit schülergeleiteten Gesprächen

Kapitel 6:

133 | **Das Modell des lebenslangen Lernens**

135 | Neue Wege gehen

141 | *Praxisbeispiel:* Wege zur Zusammenarbeit –
die Geschichte unserer eigenen Schule

Anhang:

146 | Glossar

150 | Über die Autorinnen

151 | Literatur- und Internettipps

Vorwort

6. November

Ich schreibe immer noch Zeugnisse. In der Schule herrscht Stille. Die meisten Lehrer sind inzwischen nach Hause gegangen. Der Regen peitscht gegen die Fenster und es ist schon fast dunkel. Um mich herum liegen Klassenarbeiten, Vorjahreszeugnisse, Hefte, Wochenpläne und Ordner aller Art. Es ist unheimlich hier in der Schule und mir ist nicht ganz wohl zu Mute - nicht nur wegen des Wetters, sondern auch wegen der Noten, die ich den Schülern meiner zweiten Klasse gebe. Ich muss weiterarbeiten und aufhören, darüber nachzudenken. Warum brauche ich dieses Jahr bloß so lange? Warum hinterfrage ich alles? Geben die ganzen Arbeiten wirklich wieder, was die Kinder wissen und können? Bin ich ihnen gegenüber fair? *Kay*

6. November

Ich bin in der Schule geblieben, um die Zeugnisse für meine sechste Klasse fertig zu schreiben, aber ich brauche ewig dafür. Es ist kalt und der Wind da draußen macht es auch nicht gerade besser. Ich glaube, ich sehe mir zu viele Vorjahreszeugnisse an und das stört mich. Warum sind meine Noten nicht näher an ihren Vorjahresnoten? Warum gibt es so große Diskrepanzen? Als ich eben den Flur entlangging, war ich überrascht, dass Kay sich mit denselben Bewertungskriterien herumschlägt. Was ist eine 3+? Was bedeutet 4? Bedeutet meine „1" dasselbe, wie die „1" eines anderen Kollegen? Ich sagte zu ihr: „Ich wünschte, ich könnte ihre Arbeiten vom letzten Jahr sehen. Wir brauchen Beweise." Kay lachte und sagte: „Die Beweise sind längst fort." *Shirley-Dale*

Arbeiten mit Portfolios

Vorwort

Wir konnten nicht ahnen, dass dieses kurze Gespräch jahrelange Studien über die Arbeit mit Portfolios und schülergeleitete Gespräche nach sich ziehen würde. Es führte schließlich dazu, dass wir sieben Jahre lang Workshops mit dem Titel **„Die Beweise sind längst fort – Leistungsbewertung mit Portfolios und schülergeleitete Gespräche"** organisierten und durchführten.

Zuerst mussten wir unsere Kollegen* davon überzeugen, dass die derzeit gängige Praxis der Leistungsbewertung den ständigen Veränderungen des Lehrens und Lernens nicht mehr gerecht wurde. Wir dachten, das wäre ganz einfach und dann könnten wir loslegen. Damals wussten wir noch nicht, dass eine Veränderung der Leistungsbewertung eine grundlegende Änderung unserer Lehr- und Lernmethoden bedeutete. Unsere gesamte pädagogische Weltanschauung musste umgekrempelt werden.

Wir richteten an unserer Schule einen Workshop ein und recherchierten gemeinsam. Alle Kollegiumsmitglieder waren gleichberechtigt. Nicht alle waren gleichermaßen bereit, neue Methoden zu akzeptieren. Aber wir unterstützten einander tatkräftig, trugen Fachliteratur zusammen und luden Experten als Gastredner zu unseren Diskussionsrunden ein. Das alles machte uns schließlich doch zuversichtlich und wir gaben der Sache eine Chance. Schritt für Schritt gelang es uns innerhalb von sieben Jahren, die Leistungsbewertung mit Portfolios und schließlich auch die schülergeleiteten Gespräche in allen Klassenstufen unserer Schule einzuführen.

Da das Interesse in unserem Kreis und unserem Bundesstaat ständig anwuchs, bat man uns, Workshops zum Thema **„Leistungsbewertung mit Portfolios"** durchzuführen. Bis heute haben wir Fortbildungen vor mehr als 1500 Lehrern, Mitgliedern der Schulverwaltung, Eltern, Studenten und Lehrern aus dem Ausland durchgeführt. Wir erkannten, dass auch Lehrer unterschiedlich viel wussten und verstanden.

Vorwort

In unseren Veranstaltungen ist es uns immer sehr wichtig, die Teilnehmer auf ihrem eigenen Niveau abzuholen: Zu Beginn der Veranstaltung fordern wir sie auf, all ihre Fragen zu stellen. Diese Fragen stehen dann im Mittelpunkt unseres Vortrags. In den Hunderten von Fragen, die wir über die Jahre gesammelt haben, ging es immer um die gleichen Probleme.

In diesem Buch beantworten wir diese Fragen Schritt für Schritt. Sie basieren auf unseren jahrelangen Studien zum Thema, unserer Arbeit als Lehrer im Klassenraum und unseren Weiterbildungsveranstaltungen. Während dieser Zeit haben wir unsere Fortschritte, Misserfolge und Verbesserungen in Tagebüchern festgehalten, die uns jetzt zugute kommen.

Dieses Buch zeigt Ihnen, wie man die Arbeit mit Portfolios als ganzheitlichen Ansatz in den Unterricht einbindet. Wir erklären Ihnen, wie Sie mit Ihren Schülern Kriterienraster erstellen und damit arbeiten. Darüber hinaus erläutern wir unterschiedliche Möglichkeiten des Elterngesprächs. Dann und wann sind Auszüge aus unseren Tagebüchern eingefügt. So kann der Leser unseren beschwerlichen Weg mit all seinen Hürden, aber auch all seinen kleinen Erfolgen nachvollziehen. Wir möchten ganz ausdrücklich unterstreichen, dass man nicht nur die Philosophie hinter diesem Ansatz verstehen, sondern auch an sie glauben und sich beharrlich bemühen muss. Darin liegt der wichtigste Schlüssel zum Erfolg.

---

* Aus Gründen der besseren Lesbarkeit haben wir in diesem Buch durchgehend die männliche Form verwendet. Natürlich sind damit auch immer Frauen und Mädchen gemeint, also Lehrerinnen, Schülerinnen etc.

Arbeiten mit Portfolios

12

Kapitel 1

Ausgewogenes Lernen und Portfolios

*Ebenso wie das Endergebnis eines Spiels
hat eine Note noch niemandem gezeigt,
wie man gewinnt oder warum man verloren hat.*

Lucas

1 | Ausgewogenes Lernen und Portfolios

30. November

Ich finde es erstaunlich, dass ein Zeugnis immer noch so viel Macht hat. Schon als ich zur Schule ging, war der Tag der Zeugnisvergabe ein bedeutendes Ereignis und daran hat sich nichts geändert. Ich erinnere mich an das Gefühl, das es in mir auslöste – allein der Gedanke, es mit nach Hause zu bringen. Mit Schmetterlingen im Bauch hielt ich den ungeöffneten Umschlag fest, ohne zu wissen, was darin war oder wie meine Eltern reagieren würden. Sie erwarteten enorm viel von mir. Ich wusste zwar, dass ich die Prüfungen bestanden hatte, aber nur der Lehrer wusste, was sich in diesem Umschlag verbarg. Die Elterngespräche, die ich gerade in meiner Klasse geführt habe, zeigen mir, dass die Aura eines Zeugnisses so stark ist wie eh und je. *Kay*

30. November

Wir haben gerade einmal den ersten Elternabend hinter uns und ich kann nicht fassen, wie viele Eltern gefragt haben, ob ihr Kind das Klassenziel erreichen wird. Ungeachtet aller anderen Dinge, die im Klassenraum vor sich gehen, dreht sich immer wieder alles um die eine Frage: „Wird mein Kind sitzen bleiben oder versetzt werden?" Die Frage ist natürlich berechtigt, aber für mich klingt es fast wie in einer Gerichtsverhandlung: „Schuldig oder nicht schuldig?" Ich verkörpere Richter und Geschworene zugleich. Alle Macht liegt in meiner Hand und mir ist nicht wohl dabei. Habe ich wirklich gründlich ermittelt? Sind die Beweise stichhaltig? Wie kann ich mir die Kontrolle über einen so wichtigen Prozess erleichtern? *Shirley-Dale*

Wie ich in der Klasse eine ausgeglichene Lernatmosphäre schaffe

Ausgeglichen sein bedeutet auch *das Gleichgewicht halten* oder *ein Gefühl von Vollkommenheit verspüren*. In allen Lebensbereichen suchen die Menschen Ausgewogenheit. Sie versuchen, sich ausgewogen zu ernähren, um gesund zu leben. Viele versuchen, berufliche Verpflichtungen mit familiären Verpflichtungen und ihrem Sozialleben in Einklang zu bringen. Lehrer versuchen jeden Tag, sämtliche Facetten einer fruchtbaren Lernumgebung unter einen Hut zu bringen.
Früher erwartete niemand einen solchen „Balance-Akt" von einem Lehrer.
Die Lehrtätigkeit basierte auf einer Erziehungsphilosophie, die davon ausging, dass Schüler ein bestimmtes Maß an Kenntnissen und Fähigkeiten erwerben müssen. Die Aufgabe des Lehrers bestand darin, ihnen diese Kenntnisse zu vermitteln. Die Schüler waren also passive Lerner. Man erwartete von ihnen, dass sie sich den Stoff aneigneten und – gemessen an vorgeschriebenen Normen – bei Lernkontrollen entweder bestanden oder durchfielen.
In den vergangenen Jahren hat sich unser Verständnis von Lernprozessen verändert. Lehr- und Lernmethoden, bei denen Schüler selbstständig forschen und beobachten können, konzeptuelles Wissen (Verstehen von Konzepten), Problemlösungsstrategien, der Einsatz breit gefächerter Arbeitsmaterialien und das Zusammenarbeiten in der Gruppe werden jetzt stärker gewichtet. Im Mittelpunkt stehen Lehren und Lernen für das „richtige Leben", für den Alltag.
Dabei zählt, dass die Schüler lernen, Risiken einzuschätzen, auf Impulse zu reagieren und auf Entdeckungsreise zu gehen. Will sich der Lehrer ein umfassendes Bild von den individuellen Fortschritten jedes Schülers machen, muss er dessen Lernweg optimal gestalten – d.h. sämtliche Komponenten des Lernens berücksichtigen und sie miteinander in Einklang bringen.

➠ Wie passen Leistungsbeurteilungen und deren Auswertung in den ausgewogenen Unterricht?

Das ganze Schuljahr über bewerten Lehrer ständig die Leistungen ihrer Schüler – formell oder informell. Das nennt man **formative Leistungsbewertung**.
Für die Zeugnisse werden die Informationen aus den unterschiedlichen Quellen bewertet und in einer Gesamtnote zusammengefasst.

Arbeiten mit Portfolios

1 Ausgewogenes Lernen und Portfolios

Dieses Vorgehen wird als **summative Leistungsbewertung** bezeichnet. Von jeher waren im Klassenraum allein die Lehrer befugt, Beurteilungen auszusprechen. Am Ende einer Unterrichtseinheit oder eines Schuljahres gab es einen Test und die Testergebnisse waren – mit Ausnahme einiger Projekt-Bewertungen und der mündlichen Beteiligung – die einzigen Daten, die der Lehrer zur Festsetzung der Endnote nutzte. Solche Tests lieferten nur Momentaufnahmen dessen, was ein Schüler zu leisten imstande ist. Außerdem kamen die daraus zu entnehmenden Informationen zu spät, um für die Unterrichtsplanung von Nutzen zu sein.

Aber das Vorgehen war unkompliziert und leicht nachvollziehbar für Eltern.

In einem ausgewogenen Unterricht reicht die traditionelle Leistungsbewertung allein nicht aus, um die Fortschritte der Schüler zu bewerten. In einer Lernumgebung, die den Schülern mehr Gelegenheit für realitätsbezogenes Lernen bietet, müssen Lehrer ein breites Spektrum an Bewertungsmethoden entwickeln, um die traditionellen Testverfahren aufzustocken.

Traditionelle und innovative Leistungsbewertung im Vergleich

traditionelle Leistungsbewertung	innovative Leistungsbewertung
• fragt ein gewisses Maß an erworbenem Wissen ab	• stellt Aufgaben, die Herausforderungen des täglichen Lebens widerspiegeln
• passiver Prozess	• aktiver Prozess
• reproduktive Fragen/ Fragen mit einer Auswahl vorgegebener Antworten	• Fragen, die zum kritischen Denken, kritischen Nachfragen anregen
• vorgegebener Zeitrahmen	• fortschreitender Prozess
• Einzelarbeit	• Einzel- und Gruppenarbeit
• Kontrolle durch den Lehrer	• Lehrer und Schüler teilen sich Verantwortlichkeiten
• Note/Bewertung steht im Vordergrund	• Lehrplanziele werden beurteilt
• keine Selbsteinschätzung der Schüler	• Selbsteinschätzung des Schülers geht in die Beurteilung ein

Wer **nur mit traditionellen** oder **nur mit innovativen Ansätzen der Leistungs-bewertung** arbeitet, gewinnt nur ausschnitthaft Einblicke in die Fähigkeiten der Schüler. Eine Bewertung, die nur mit einer der beiden Methoden arbeitet, ist keine ausgewogene Leistungsbewertung. Lehrer können Leistungen nur aus-gewogen bewerten, wenn sie mehrere Methoden zur verlässlichen Lernerfolgs-kontrolle heranziehen. Die Leistungsbewertung ihrer Schüler wird so sorgfältiger und präziser ausfallen. In den vergangenen Jahren ist die Leistungsbewertung deutlich komplexer geworden. Erstens müssen sich Lehrer genau überlegen, mit welchen Methoden sich bestimmte Leistungen am besten bewerten lassen und welche Gewichtung die Ergebnisse jeder einzelnen Methode später in der Endnote erfahren. Zweitens müssen sie diese Informationen dazu nutzen, auch den Erfolg ihres eige-nen Lehrverhaltens zu bewerten und – sofern das erforderlich wird – Lehrmethoden und Unterrichtsplanung zu modifizieren. Schließlich müssen sie die zu Grunde liegenden Bewertungsprinzipien den Eltern gegenüber darstellen und rechtfertigen, und ihnen konkrete Belege für die Fortschritte der Schüler liefern.

Praxisbeispiel:

Das Problem am Beispiel von Zeugnisnoten

⟫ Macht eine Zeugnisnote wirklich deutlich, was ein Schüler weiß und kann?

Die Zeugnisnote sagt wenig darüber aus, wo die Fähigkeiten eines Schülers liegen und wo er sich noch verbessern müsste. Sie ist nur eine Note. Eltern fühlen sich mit Noten wohler und glauben zu wissen, was Noten im Vergleich zum Vorjahr über das Schuljahr aussagen. Aber die Art und Weise, wie sich die Noten zusammen-setzen, kann stark variieren.

⟫ Warum können die Zeugnisnoten eines Schülers von einem Jahr zum nächsten so unterschiedlich ausfallen?

Mit dieser Frage haben sich Lehrer und Eltern viele Jahre herumgeschlagen. Es gibt eine ganze Reihe denkbarer Erklärungen dafür:

Arbeiten mit Portfolios

1 | Ausgewogenes Lernen und Portfolios

> Unterschiedliche Lehrer setzen unterschiedliche Schwerpunkte und gewichten die gesammelten Informationen vielleicht anders.

> Lehrer können mitunter subjektiv urteilen und Schüler unbeabsichtigterweise auf Grund von Faktoren beurteilen, die in keiner Bewertungsübersicht stehen.

> Einzelne Lehrer eines Kollegiums wissen unterschiedlich viel über Lernziele und Pädagogik, aber auch von Schule zu Schule und von Bundesland zu Bundesland gibt es diese Schwankungen.

> Lehrer verlassen sich möglicherweise auf ganz unterschiedliche Kriterien für die Leistungsbewertung. Auch dadurch können Noten schwanken.

> Schüler wissen oft gar nicht, nach welchen Kriterien der Lehrer ihre Arbeit beurteilt.

Widersprüchliche Erwartungen unterschiedlicher Lehrer können zu weit auseinander liegenden Noten desselben Schülers von einer Klassenstufe zur nächsten führen. Deshalb ist es unbedingt notwendig, dass sich die Kollegen auf gemeinsame Prinzipien einigen, klar definierte Lernziele und Leistungskriterien festlegen und sicherstellen, dass die Verfahren zur Leistungsbemessung konstant bleiben.

Beispiel 1

Der Schüler Paul bekam am Ende des 2. Schuljahres ein sehr gutes Zeugnis. Laut seiner Lehrerin hatte er sämtliche Klassenziele ohne Schwierigkeiten erreicht. Bei vielen Aufgaben im Mathematik- und Deutschunterricht hätte er die Anforderungen bei Weitem übertroffen. Seine Lehrerin wählte folgenden Textauszug als repräsentatives Beispiel für seine Schreibfertigkeit aus.

Pauls Lehrerin meint, dass dieser kurze Text die klassenstufenspezifischen Anforderungen nicht nur erfüllt, sondern sie bei Weitem übertrifft.

17 Juni
Ich fragte Papa ob ich das feuer anzünden durfte er sagte ja Ich hatte ein bischen Angst aber ich machte es trotzdem.

Beispiel 2

Die Schülerin Lotta bekam am Ende des 2. Schuljahres nur ein durchschnittlich
gutes Zeugnis. Ihre Lehrerin, eine andere als die von Paul, schrieb Folgendes:
*Lotta hat dieses Jahr hart gearbeitet. Sie braucht individuelle Hilfestellung bei
neuen mathematischen Aufgabenstellungen und im Deutschunterricht. Sie sollte
in den Sommerferien etwas lesen, das ihr Spaß macht, um ihren Wortschatz und
das sinnentnehmende Lesen zu trainieren.*

*Die Lehrerin wählte
diesen Text als typisches
Beispiel für Lottas
Schreibfertigkeit aus.
Sie hielt Lottas Schreib-
fertigkeit für „gut".*

15. Juni
Meine Tante und ich

Eines Tages gingen meine Tante und
ich ins Einkaufszentrum. Da hatten
wir viel Spaß wir kauften etwas
für meine Mama sie kauften eine
Bücherkiste für ihre Bücher. Dann sind
wir nach Hause gegangen und habe
ein paar käkse für sie und mich
gemacht die waren lecker und ich
habe noch einen für meine Mama
ich habe meine Tante lieb und
meine Mama meine Tante kaufte
ein Buch für mich Mama kam
und ich sachte ihr dass ich ein
Käks für sie gemacht habe Sie
machte ihn Mama sagte wohin
gehen wir ich sachte. Wir gehen
nach Hause Mama oh nein, ich
habe mein Buch vergessen das
mir Tante Anna gegeben hat

Warum war Lottas Schreibfertigkeit nur „gut", während Pauls als „überdurchschnittlich gut" galt? Ein Vergleich der beiden Texte zeigt deutlich, dass Lotta Paul in ihrer
Schreibfertigkeit überlegen ist. Diese beiden Lehrerinnen hatten ganz unterschiedliche Erwartungen an Zweitklässler. Bei einem Lehrer- oder Schulwechsel könnte
der entsprechende Kollege auf Grund dieser Bewertungen vermuten, dass Lotta
besondere Hilfe im Unterricht benötigen wird.

Arbeiten mit Portfolios

Paul dagegen scheint auf einem höheren Leistungsniveau zu arbeiten. Nachfragen ergaben, dass Lottas Lehrerin ihre Schreibfertigkeit anhand festgelegter Bewertungskriterien beurteilte. Pauls Lehrerin dagegen bewertete dessen Leistung im Vergleich zu seinen Klassenkameraden.

Manchmal treten Notenschwankungen auf, wenn Schüler die Schule wechseln. Eine Schülerin namens Mia wechselte beispielsweise im Sommer zwischen der 5. und 6. Klasse die Schule auf Grund eines Umzugs. Ihre Zeugnisse spiegelten sehr unterschiedliche Wahrnehmungen von ein und derselben Schülerin wider.
Als Mia in ihre neue Schule kam, waren ihrem Zeugnis aus der 5. Klasse keine Arbeitsproben beigefügt. Ohne irgendwelche Beispiele für Mias Schreibfertigkeit aus der 5. Klasse gesehen zu haben, musste ihr neuer Lehrer in der 6. Klasse auf Grund ihrer Jahresendnote für die 5. Klasse annehmen, dass Mia eine recht gute Schülerin sei. Aber Mias Halbjahreszeugnis für die 6. Klasse zeigte einen deutlichen Abfall sowohl ihrer Leistungen als auch ihrer Beteiligung.
Mias Eltern waren zu Recht verwirrt. Sie äußerten ihren Unmut und stellten nicht die pädagogischen Fähigkeiten des Lehrers aus dem 5. Schuljahr in Frage, sondern die des neuen Lehrers im 6. Schuljahr. Aber der neue Lehrer konnte den Eltern ein Beispiel für Mias Leistungsniveau auf dem Gebiet der Schreibfertigkeit zeigen. Auch die Kriterien zur Bewertung dieses schriftlichen Beitrags wurden den Eltern erläutert.
Es zeigte sich, dass Mias Lehrer in der 6. Klasse ihre Schreibfertigkeit anhand der Fortschritte beurteilt hatte, die sie das Jahr über gemacht hatte. Er gehörte einem Kollegium an, das sich in Fortbildungsveranstaltungen mit Bewertungskriterien für die Schreibfertigkeit befasst hatte. In Zusammenarbeit mit anderen Kollegen hatte er zahlreiche Beispiele schriftlicher Schülerarbeiten aus unterschiedlichen Jahrgängen kritisch untersucht. Da er keine Arbeitsproben von Mia aus dem 5. Schuljahr gesehen hatte, konnte er ihre Schreibfertigkeit im 6. Schuljahr nur mit Hilfe der Kriterien bewerten, die das Kollegium entwickelt hatte. Und diese unterschieden sich offensichtlich von denen, die der Lehrer in der fünften Klasse zur Bewertung herangezogen hatte.

Je nach dem, welche Erwartungen der Lehrer an seine Schüler stellt, sind einige den Anforderungen gewachsen und andere nicht. Die Erwartungen werden manchmal anhand des Niveaus des Unterrichts oder der Art von Fragen deutlich.

Beispiel 3

Ein typischer Fall ist Susanne, eine Mittelstufenschülerin, die ihre gesamte Schulzeit über immer Zeugnisnoten im oberen Bereich hatte. Vergleicht man aber die beiden Textbeispiele, dann wird ein qualitativer Rückschritt in Susannes Schreibfertigkeit deutlich. Man sieht, dass sie in der 6. Klasse durchaus in der Lage war, kritisch Stellung zu beziehen und ihre Ansichten auch sehr gut zum Ausdruck bringen konnte. Die sprachlichen und inhaltlichen Unterschiede zwischen den beiden Arbeitsproben lassen vermuten, dass der Lehrer im 6. Schuljahr Maßstäbe setzte, die Susanne motivierten, ihr Bestes zu geben. Der Lehrer im 8. Schuljahr hingegen scheint hauptsächlich Fragen gestellt zu haben, die kurz und einfach zu beantworten waren. In der 8. Klasse arbeitete Susanne unter ihrem tatsächlichen Leistungsniveau. Nicht ihre Fähigkeiten ließen nach, sondern die Qualität und/oder das Niveau der Fragestellungen bzw. die Maßstäbe der Lehrer hatten sich verändert.

Inhalt

Diese Geschichte ereignet sich zu der Zeit, als Adolf Hitler an der Macht war. In der Einleitung heißt es, dass Hitlers Truppen im September 1939 in Polen einfielen. In der Geschichte besetzen die Deutschen gerade verschiedene Länder und Annie, ihre Schwestern Rachel, Sini, und ihr Vater planen sich zu verstecken. Die Mutter der drei Kinder liegt im Krankenhaus. Annie und Sini haben gerade ihre Verstecke gewechselt. Rachel hat entschieden, sich woanders zu verstecken. Sie war noch zurückgeblieben, während ihre Mutter im Krankenhaus war. Als ihre Mutter gestorben war, beschloss Rachel, die Verstecke zu wechseln. Nun scheint die ganze Familie voneinander getrennt zu sein. Sie verstecken sich nun schon sehr lange.

*Auszug aus einem Eintrag in Susannes Lesetagebuch, das sie in der **6. Klasse** führte.*

Meine Meinung

Ich finde es schrecklich, was unter Hitlers Führung passiert ist. Hitler scheint mir ein richtiges „Monster" gewesen zu sein. Er hat so viele Juden getötet. Ich hoffe, die Menschen lernen aus dem, was er getan hat. Ich finde es aber nicht gut, dass er gewissermaßen „berühmt" ist, weil er nicht für etwas Gutes bekannt geworden ist. (Negative Aufmerksamkeit) Bisher gefällt mir das Buch. Es lässt mich über Rassismus nachdenken, und darüber, wie er die Welt um uns herum prägt. Ich glaube nicht, dass Juden geringwertigere Menschen sind. Wir sind alle gleich.

Ich finde es schrecklich, dass ein einzelner Mann so viel Qual verbreiten konnte. Ich finde es traurig, wie Freunde und Familien voneinander getrennt wurden. Ich hoffe, es wird nie einen dritten Weltkrieg geben.

Ich glaube, es wäre viel besser, wenn man Dinge ausdiskutieren könnte, statt sie einen Krieg zu beginnen.

Arbeiten mit Portfolios

1 | Ausgewogenes Lernen und Portfolios

> 1. (Buch mitbringen)
> 2. Titel: „Träume unter Palmen"
> 3. Robin Jones Gunn
>   Das Buch, das ich gelesen habe, war
>   das zweite aus einer Serie von zwölf
>   Bänden.
> 4. Die Geschichte ereignet sich an unter-
>   schiedlichen Schauplätzen. Sie beginnt
>   auf einer Farm in Wisconsin. Dann
>   geht es in Newport Beach, Kalifornien,
>   weiter, wo der Großteil des ersten Buches
>   aus der Serie spielt. Der Großteil des
>   restlichen Buches ereignet sich in einer
>   komischen Stadt weiter im Landesinneren.
> 5. Das einzige, was ich an meinem Buch
>   ändern würde, ist der Titel. Er gefällt mir,
>   aber ich finde, er passt nicht zum Buch.
> 6. Die 15-jährige Christy Miller zieht mit
>   ihrer Familie nach Kalifornien. Christy
>   ist nicht klar, dass sie nicht nach
>   Newport Beach ziehen wird, wo sie einen
>   Teil des Sommers bei ihrer Tante und
>   ihrem Onkel verbracht hat.
>   Sie muss mit vielen Problemen klar-
>   kommen, aber sie wendet sich an Gott
>   und bittet ihn um Hilfe.

*Auszug aus einem Eintrag in Susannes Lesetagebuch, das sie in der **8. Klasse** führte.*

Derart uneinheitliche Erwartungshaltungen sind an vielen Schulen in allen Klassenstufen anzutreffen. Die Zeugnisnote sagt nichts darüber aus, welche Maßstäbe der Lehrer ansetzt, um die Leistung eines Schülern zu bewerten. Um die Note zu begründen und zu zeigen, was der Schüler weiß und leisten kann, sind konkrete Belege erforderlich. Portfolios zu führen gehört zu den besten Methoden, diese Nachweise zu sammeln und zu präsentieren.

Ausgewogene Leistungsbewertung in einem ausgewogenen Unterricht

▸▸ Was kennzeichnet eine ausgewogene Bewertung?

Eine ausgewogene Bewertung arbeitet nicht nur mit einem Bewertungsansatz oder Verfahren. Vielmehr werden mehrere Methoden der Leistungsbewertung herangezogen, um einen möglichst umfassenden Gesamteindruck vom Schüler und seinen Fähigkeiten zu gewinnen. Wenn der Lehrer breit gefächerte Informationen über einen Schüler zusammengetragen hat, spiegelt die Zeugnisnote am Schuljahresende zuverlässiger wider, was der Schüler weiß und kann. Es ist wie bei einem Puzzle – je mehr Teile an der richtigen Stelle liegen, desto deutlicher sieht man das Gesamtbild. Je mehr unterschiedliche Bewertungsverfahren ein Lehrer heranzieht, desto besser lernt er die Schüler und ihre Fähigkeiten kennen.

▸▸ Bestandteile einer ausgewogenen Bewertung

Die Bewertungskriterien müssen auf das Lernen abgestimmt sein. Was Schüler im Hinblick auf ihre persönlichen Fähigkeiten, ihre Auffassungsgabe und ihr Wissen leisten, lässt sich am besten mit den jeweils darauf zugeschnittenen Bewertungskriterien beurteilen. Faktenwissen kann man beispielsweise mit knapp zu beantwortenden Fragen mündlich oder schriftlich überprüfen.

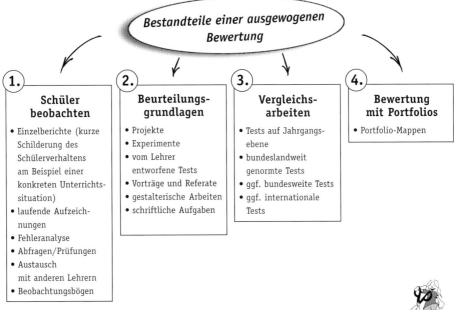

1 | Ausgewogenes Lernen und Portfolios

1. Schüler beobachten

Wenn Sie herausfinden möchten, ob ein bestimmter Schüler eine Aufgabe bewältigen kann, sollten Sie Ihre Beobachtungen und Notizen am besten machen, während der Schüler sich mit der betreffenden Aufgabe beschäftigt.

Die Schülerbeobachtung kann in Form von Einzelberichten, Beobachtungsbögen, Abfragen und im Austausch mit anderen Lehrern stattfinden. Hören Sie Ihren Schülern aufmerksam zu, analysieren Sie ihre Antworten und machen Sie sich täglich Notizen zu ihrem Arbeits- und Sozialverhalten.

2. Beurteilungsgrundlagen

Zu diesen Beurteilungsgrundlagen zählen Tests, Projekte, Experimente, Vorträge und Referate, gestalterische Arbeiten und schriftliche Aufgaben. Die Tests kann der Lehrer vorbereiten. Einige Verlage liefern sie auch als Begleitmaterial zum Schulbuch.

Diese einzelnen Bausteine spielen eine wichtige Rolle, wenn man die Auffassungsgabe der Schüler untersuchen will und sind auch für Ihre zukünftige Unterrichtsplanung von Bedeutung. Wenn Sie diese Bewertungsinstrumente entwickeln, sollten Sie daran denken, dass die Art der Fragestellung die Effektivität der Bewertung und ihre Resultate entscheidend beeinflusst.

Die Qualität der Fragestellung bestimmt in gewissem Maße auch die Qualität der Arbeitsergebnisse. Lehrer, die in ihren Klassenarbeiten Aufgaben stellen, bei denen die Schüler Sachverhalte kritisch bewerten und eigene Schlüsse ziehen müssen, werden einen besseren Einblick in die Fähigkeiten und Kenntnisse der Schüler gewinnen, als solche, die nur auf einer Ebene Fragen stellen.
Schüler sollten täglich Gelegenheit haben, sich mit Fragestellungen auf unterschiedlichem Niveau zu beschäftigen.

Klassifizierung von Fragen

Art der Frage	Merkmale
Rein reproduktive Frage *Beispiel:* *Wie heißt der Hund?*	• „punktgenaue" Frage • Wissen abrufen, sich erinnern, etwas begrei- fen, definieren und Informationen ermitteln • Antwort ist meist ausdrücklich in dem gelesenen Text zu finden, oft wird nach dem genauen Wortlaut gefragt • häufig Multiple-Choice-Fragen, Lückentext oder Kurzantworten
Schlussfolgernde Frage *Beispiel:* *Woran erkennt man, dass ...?*	• erfordert Nachdenken und Suche nach entsprechenden Informationen • Antwort ist meist im gelesenen Text zu finden, aber nicht augenfällig • Schüler muss evtl. mehrere Abschnitte lesen, um verschiedene Informationen miteinander zu verknüpfen • Schüler muss zwischen den Zeilen lesen, Informationen zusammentragen und eine entsprechende Antwort formulieren
Kritische/Bewertende Frage *Beispiel:* *Wie erklärst du jemandem,* *dass ...? Was hat das mit* *deinem eigenen Leben zu tun?*	• erfordert persönliche Stellungnahme zu einem bestimmten Sachverhalt • Antwort steht nicht explizit im Text • stellt bisherige Ansichten in Frage und ermuntert zur Reflexion

3. Vergleichsarbeiten

Gemeint sind standardisierte Vergleichsarbeiten, die in bestimmten Jahrgängen durchgeführt werden. Diese Tests können aber auch auf Länder- und Bundesebene oder sogar auf internationaler Ebene (PISA) stattfinden.

Für die entsprechenden Kultusministerien sind solche Momentaufnahmen eines Bundeslandes wichtig, um die Effektivität der Lehrpläne und den Weiterbildungsbedarf der Lehrer einschätzen zu können. Die aus den Ergebnissen externer Tests gewonnenen Daten werden analysiert, um festzustellen, auf welchen Gebieten umfassende Verbesserungen nötig sind.

Arbeiten mit Portfolios

1 | Ausgewogenes Lernen und Portfolios

Tipp:

Erklären Sie Ihren Schülern, dass sich die Antworten auf reproduktive Fragen „an fünf Fingern abzählen lassen", dass Schlussfolgerungen mit „Köpfchen" gemacht werden und kritisch wertende Antworten „von Herzen" kommen. Trainieren Sie mit den Schülern, eigene Fragen zu formulieren. So lernen sie, wie man Fragen unterschiedlichster Anspruchsebenen erkennt, analysiert und beantwortet.

Anhand solcher Tests können Sie auch ermitteln, in welchen Bereichen sich Ihre Schüler noch verbessern müssen. So können Sie Ihre Unterrichtsplanung gegebenenfalls entsprechend ändern. Externe Tests dienen außerdem dazu, die Ansprüche der Lehrer zu analysieren und die Anforderungen an einzelnen Schulen oder Regionen anzuheben.

4. Bewertung mit Portfolios

Das Schüler-Portfolio ist das einzige Instrument zur Leistungsbewertung, bei dem Schüler und Lehrer im Bewertungsprozess als Partner agieren. Es ist eine zuverlässige Form der Leistungsbewertung, bei der Schüler wichtige Fähigkeiten für den Alltag erwerben. Sie lernen, für ihr eigenes Lernen verantwortlich zu sein und sich Ziele zu setzen.

In der Portfolio-Mappe trägt der Schüler eine bewusst getroffene Auswahl seiner Arbeit zusammen, die seine Bemühungen, Lernfortschritte und Arbeitsergebnisse dokumentiert. Die Inhalte der Mappe zeigen das Potenzial und die einzelnen Entwicklungsschritte des Schülers. Bei der Bewertung von Portfolios ist es ganz wichtig, den Schüler aktiv mit einzubeziehen. Der Schüler entscheidet, was er in sein Portfolio aufnehmen möchte, reflektiert und rechtfertigt seine Auswahl und setzt sich anhand dessen, was er schon erreicht hat, neue Lernziele.

Tipp: Effektiv und gezielt beobachten

Ausstattung/Hilfsmittel

- *Bereiten Sie Beobachtungsbögen für bestimmte Unterrichtsphasen vor.*
- *Arbeiten Sie mit Notizbüchern. Teilen Sie diese so ein, dass Sie für jeden Ihrer Schüler einen eigenen Bereich haben.*
- *Machen Sie sich auf Zetteln Notizen und übertragen Sie diese später in Ihren laufenden Ordner für den Schüler.*
- *Tragen Sie stets Zettel und Stift bei sich.*

Herangehensweise

- *Legen Sie das Ziel Ihrer Beobachtungen fest.*
- *Teilen Sie den Schülern mit, was Sie tun.*
- *Formulieren Sie Ihre Notizen so anschaulich wie möglich.*
- *Gehen Sie Ihre Aufzeichnungen noch einmal im Hinblick auf wiederkehrende Verhaltensmuster durch.*
- *Schreiben Sie immer das Datum und den Namen des Schülers zu jedem Eintrag dazu.*

Zeitliche Planung

- *Legen Sie regelmäßige Beobachtungszeiten während des Unterrichts fest.*
- *Beobachten Sie täglich ein oder zwei Schüler bei den alltäglichen Unterrichtsaktivitäten.*
- *Konzentrieren Sie sich bei Ihren Beobachtungen fünf Minuten lang auf jeden Schüler, wenn es Ihnen möglich ist.*
- *Beobachten Sie einzelne Schüler oder Schülergruppen in Einzel- und Gruppenarbeitsphasen.*

1 Ausgewogenes Lernen und Portfolios

⇥ Wie gewichte ich die einzelnen Bestandteile bei der Festsetzung einer Endnote?

Es gibt keine feste Formel, nach der Sie die Einzelkomponenten für die Endnote im Zeugnis gewichten können. Alle Bestandteile sind wichtig und jede spielt eine bedeutende Rolle für die Bewertung. Hier ist nun Ihre sachverständige Beurteilung gefragt. So wie ein Arzt mit seinem Sachverstand eine bestimmte Krankheit diagnostiziert und deren Therapie festlegt, wählen Sie das angemessene Bewertungsverfahren für bestimmte Lernergebnisse.

⇥ Was muss ich tun, wenn ich ausgewogen bewerten will?

Um eine ausgewogene Bewertungsmethode zu entwickeln, sollten Sie Folgendes tun:

≫ Lehrpläne nicht nur lesen, sondern im Hinblick auf den eigenen Unterricht auswerten,

≫ sich mit unterschiedlichen Beurteilungsverfahren vertraut machen,

≫ angemessene Bewertungsverfahren auswählen, die am besten zu den von Ihnen gewünschten Lernerfolgen passen,

≫ ein gutes Gespür für die inhaltlichen Schwerpunkte jedes Faches entwickeln,

≫ den Schülern vor Prüfungen ausreichend Zeit zum Üben geben,

≫ die Lernfortschritte der Schüler anhand der wichtigsten, aussagekräftigsten und aktuellsten Arbeitsergebnisse beurteilen und

≫ dann die Endnote unter Berücksichtigung aller Kriterien vergeben.

---

20. Januar

Ich habe gerade meinen fünften Artikel über die Bewertung mit Portfolios zu Ende gelesen. Allmählich glaube ich, dass das Portfolio eine unerlässliche Methode für jeden ist, der die Fortschritte eines Schülers umfassend betrachten will. Shirley-Dale und ich haben beschlossen, den Stier bei den Hörnern zu packen. Wir haben das gesamte Kollegium dazu überreden können, unsere Ideen zumindest einmal anzuhören. Wenn wir Glück haben, lassen sie sich darauf ein, neue Wege in der Bewertung zu gehen. Kay

Die Bedeutung von Portfolios in einem ausgewogenen Unterricht

So ziemlich jeder kann eine „Sammlung" mit Arbeitsproben anlegen. Manche nennen das ein Portfolio, aber es ist kein Portfolio in unserem Sinne.

In der Schule ist das Portfolio eine Sammlung von Arbeitsergebnissen: Die Schüler tragen hier die selbst festgelegte Auswahl ihrer besten Arbeitsproben zusammen. Sie sind am gesamten Prozess aktiv beteiligt: Sie stellen ihre Portfolio-Mappen selbst her, legen die Bewertungskriterien fest und wählen die Arbeitsergebnisse aus. Anhand dieser Ergebnisse sollte deutlich werden, inwiefern sie die Kriterien erfüllt haben. Durch die Reflexion ihrer Arbeit und der Kriterien können sich die Schüler außerdem weitere Lernziele setzen.

Tipp:

„Was ist ein Portfolio?" Bevor Sie Ihre derzeitigen Unterrichts- und Bewertungsmethoden ändern und neue erarbeiten, brauchen Sie eine klare Definition von „Portfolio". Wir verstehen unter Portfolio eine sorgfältig zusammengestellte Sammlung von Arbeitsergebnissen, die dem Lehrer, dem Schüler und den Eltern ein Bild davon vermittelt, was ein Schüler weiß und kann.

Künstler, Autoren und andere kreative Berufsgruppen arbeiten schon seit Langem mit Portfolios, um ihre besten Arbeiten, Rezensionen, Fotografien etc. zu präsentieren. Das Portfolio zählt anerkanntermaßen zu den wichtigsten Formen aussagekräftiger Leistungsbewertung.

Schüler-Portfolios enthalten eine Auswahl von Arbeitsergebnissen, die über einen längeren Zeitraum gesammelt wurden. Anhand dieser Ergebnisse kann man die Leistungen und Fortschritte des Schülers dokumentieren und messen. In einem Schüler-Portfolio findet man handfestes „Beweismaterial" zur Begründung einer Zeugnisnote. Wenn Schüler ihre Arbeitsergebnisse bei der Auswahl für die Portfolio-Mappe selbst einschätzen müssen, reflektieren sie ihre Lernfortschritte und lernen, sich Ziele zu setzen.

Arbeiten mit Portfolios

1 | Ausgewogenes Lernen und Portfolios

▸▸ Was bedeutet Leistungsbewertung mit Portfolios?

Leistungsbewertung mit Portfolios bezeichnet den Prozess, den Schüler von Klassenstufe zu Klassenstufe, von Anfang bis Ende des Schuljahres durchlaufen und durch den sie lernen, sich selbst einzuschätzen und sich Lernziele zu setzen. Die Arbeit mit Portfolios ermöglicht ihnen, **ihre eigene Arbeit kritisch zu hinterfragen und zu beurteilen**. Es ist wichtig, dass Ihre Schüler lernen, sich selbst zu beurteilen. Sie setzen die Kriterien selbst fest und beurteilen ihre eigene Arbeit anhand dieser. Wenn Schüler schon früh lernen, sich jedes Jahr an der Festlegung von Kriterien mit hohem pädagogischen Anspruch zu beteiligen und die eigenen Fortschritte an diesen zu messen, erwerben sie die wertvolle Fähigkeit der Selbsteinschätzung.

▸▸ Wie vermittle ich meinen Schülern die Fähigkeit der Selbsteinschätzung?

Um sich selbst einschätzen zu können, müssen die Schüler sachkundige Kritiker werden. Die Arbeit mit Portfolios verlangt von ihnen, eine Auswahl ihrer „besten" Arbeitsergebnisse zu treffen. Dazu müssen sie die Kriterien, anhand derer sie ihre Arbeiten bewerten, genau kennen und verstehen. Früher waren diese Bewertungskriterien eine Art „Geheimnis", das nur die Lehrer kannten. Bei der Leistungsbewertung mit Portfolios ist es jedoch erforderlich, dass Schüler in diese „Geheimnisse" eingeweiht werden, damit sie lernen, selbst Kriterien zu entwickeln und ihre Leistungen zu beurteilen.

Das sind Fähigkeiten, die man ihnen vermitteln kann und vermitteln sollte. Schon im Kindergarten können Kinder lernen, woran man ein gutes Arbeitsergebnis erkennt. So bekommen Schüler Einblicke in ihr eigenes Lernen, die im Laufe ihrer Entwicklung immer präziser werden. Diejenigen Schüler, die sich ihre gesamte Schulzeit über mit Selbsteinschätzung und der Beobachtung ihrer eigenen Entwicklung und ihrer Fortschritte befassen, werden die Schule als recht kompetente Selbstkritiker verlassen.

Portfolio-Bewertung liefert dem Schüler, dem Lehrer und den Eltern Belege für das, was der Schüler gelernt hat. Um seine besten Arbeitsproben auszuwählen, muss der Schüler spezielle Bewertungskriterien entwickeln und festlegen, einen Beleg für sein Lernen (das Arbeitsergebnis) vorweisen und seine eigene Arbeit anhand der Kriterien kritisch beurteilen.

Im nächsten Schritt legt der Schüler auf der Basis seiner bisherigen Fortschritte, die aus den Arbeitsergebnissen im Portfolio deutlich werden, neue Lernziele fest. Das ist die Grundlage für Lehrer, Schüler und Eltern, auf der sie diskutieren und einen neuen Plan ausarbeiten können, wie der Schüler die neuen Ziele erreichen kann.

▸▸ Lassen sich die Leistungen eines Schülers mit Portfolios präzise bewerten?

Das Schüler-Portfolio stellt einen erheblichen Anteil der gesammelten Daten, die für eine faire Methode der Leistungsbewertung im ausgewogenen Unterricht wesentlich sind. Es dokumentiert anhand von Arbeitsergebnissen die Fortschritte, die ein Schüler über die Schuljahre hinweg gemacht hat. Und es zeigt ganz exakt, was der Schüler kann. Selbst wenn der Schüler die Anforderungen einer bestimmten Klassenstufe nicht erfüllt, zeigen die für das Portfolio ausgewählten Arbeitsproben stets eine Weiterentwicklung. Ein wertvoller Nutzen bei der Arbeit mit Portfolios liegt darin, dass der Schüler am Bewertungsverfahren aktiv beteiligt ist.

Portfolios müssen **authentische Leistungsnachweise** des Schülers enthalten, um als stichhaltiges Bewertungsinstrument zu fungieren. Selbst sorgfältigst geführte und vollständige Sammlungen sind nur dann fehlerfrei oder hilfreich für die Bewertung, wenn sie in direktem Zusammenhang mit Lehrplanzielen stehen. Schülern zu vermitteln, wie man Portfolios gestaltet, ist ein ehrgeiziges Projekt. Es erfordert Zeit, Entschlossenheit und gute Planung.

▸▸ Können die Leistungen eines Schülers unter dem Schuljahresniveau liegen, obwohl er ein gutes Portfolio führt?

Ein Portfolio reflektiert die Entwicklung einer Einzelperson und kann wichtige Lernfortschritte des Schülers im Schuljahresverlauf dokumentieren. Trotz seiner Fortschritte können sich die Leistungen des Schülers immer noch unter Schuljahresniveau bewegen. Die Leistungsbewertung mit Portfolios ist nur eine Komponente eines ausgewogenen Bewertungsverfahrens. Deshalb muss der Lehrer

Arbeiten mit Portfolios

den Eltern und Schülern gegenüber ehrlich sein, wenn vom Entwicklungsniveau der Schüler die Rede ist und davon, wie gut sie den Anforderungen an die Klassenstufe gerecht werden. Das Portfolio ist eines der besten Instrumente, um schwachen Schülern und ihren Eltern Hoffnung zu machen. Es liefert konkrete Belege dafür, dass der Schüler sich auf die gewünschten Ergebnisse zubewegt. Und mit Hilfe seiner Selbsteinschätzung und der selbst gesetzten Ziele weiß der Schüler, welche Richtung er einschlagen muss, um diese Ergebnisse zu erreichen.

Kapitel 2

Grundlagen für die Arbeit mit Portfolios

*Als Lehrer beurteilen wir unsere Schüler ständig.
Unsere Beurteilungen basieren immer auf Kriterien.
Wir haben nur zwei Möglichkeiten:
Entweder machen wir den Schülern unsere Kriterien
deutlich oder wir lassen sie sie erraten.*

Judy Arter

2 | Grundlagen für die Arbeit mit Portfolios

25. Januar

Heute hatten wir die erste Kollegiumskonferenz zum Thema „Leistungsbewertung". Noch ringen wir darum, auf einen gemeinsamen Nenner zu kommen. Als Erstes wollen wir uns damit beschäftigen, wie man schriftliche Schülerarbeiten in einem Portfolio unterbringen kann. Die Kollegen haben Beispiele aus ihren Klassen mitgebracht, die sie für sehr gute, passable und schwache schriftliche Beiträge hielten. Kay und ich haben Overheadfolien davon gemacht und dann haben wir über jedes Beispiel diskutiert. Man muss so viele Faktoren berücksichtigen. Wir führten selbst über scheinbar unbedeutende Dinge hitzige Debatten. Unsere Erwartungen sind extrem unterschiedlich und die Kriterien, mit denen wir arbeiten, scheinen „auf gut Glück" festgelegt worden zu sein. Es hat uns allen die Augen geöffnet. Zumindest kennen wir einander gut genug, um streiten und diskutieren zu können. Das ist der erste Schritt zu einer guten Zusammenarbeit.

Shirley-Dale

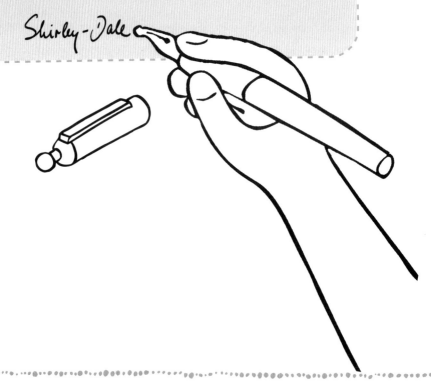

Maßnahmen für erfolgreiche Portfolio-Arbeit ergreifen

Um Leistungsbewertung mit Portfolios einzuführen, sind mehrere Schritte erforderlich. Oft entschließt sich eine ganze Schule dazu, manchmal beschäftigen sich aber auch nur ein oder zwei Lehrer eines Kollegiums mit Portfolio-Arbeit. Sie fühlen sich oft allein gelassen, wenn es darum geht, die Portfolio-Bewertung in ihrem Unterricht zu etablieren.

In diesem Kapitel erklären wir Ihnen Schritt für Schritt, wie Sie eine Basis für die Arbeit mit Portfolios schaffen. Dabei gehen wir auf theoretische und pädagogische Fragen, aber auch auf praktische Probleme bei der Arbeit in der Klasse ein. Außerdem sprechen wir auch Bedenken von Schulen, Kollegien oder einzelnen Lehrern an, auf die Sie immer wieder stoßen werden.

Allgemeine Fragen zur Gestaltung und Einführung der Arbeit mit Portfolios

▸▸ Müssen alle Lehrer eines Kollegiums die Leistungsbewertung mit Portfolios gleichzeitig einführen?

Es ist nicht notwendig und manchmal auch gar nicht praktikabel, dass alle Lehrer eines Kollegiums gleichzeitig die Initiative ergreifen. Es ist aber sehr wichtig, dass ein Kollegium – nach dem aktuellen Stand der Pädagogik – den Schülern gegenüber ein und dieselbe Lernphilosophie vertritt. Bei der Wahl des richtigen Zeitpunkts für die Realisierung des Projektes sind viele unterschiedliche Faktoren von Bedeutung. Einige Lehrer sind bessere Risikoträger als andere. Sie machen vielleicht anfänglich Fehler, nutzen diese aber als Erfahrungswerte in ihrem eigenen Lernprozess. Andere gehen vorsichtiger vor und brauchen mehr Zeit zum Lesen, Reflektieren, Organisieren und Planen, bevor sie den ersten Schritt wagen.

Vorschnelles Handeln bringt hier nicht viel. Kein Lehrer sollte gezwungen werden, die Initiative zu ergreifen, wenn er noch nicht ausreichend vorbereitet ist. Wagt ein ganzes Team oder ein komplettes Kollegium den Vorstoß, so ist es in jeder Phase der Umsetzung ganz wichtig, dass alle in dieselbe Richtung streben.

Arbeiten mit Portfolios

2 | Grundlagen für die Arbeit mit Portfolios

▸▸ Kann ein einzelner Lehrer eine Initiative wie die Leistungsbewertung mit Portfolios auch ohne Unterstützung seines Kollegiums einführen?

Am Anfang vieler schulweiter Initiativen stehen ein oder zwei Lehrer, die sich ausgiebig mit einem bestimmten Thema oder Konzept befasst haben und fest an dieses glauben. Diese Lehrer leiten erste Schritte zur Umsetzung des Ganzen ein und ihre Resultate ermutigen dann vielleicht auch andere Kollegen, mitzumachen. Gewinnt das Projekt an Reiz und steckt immer mehr Kollegen an, wird die Arbeit einer kleinen Gruppe zum Vorbild für viele Lehrer. Manchmal gibt es einen Dominoeffekt – dann wächst der Kreis der Beteiligten stetig an und motiviert weitere Kollegen, mit einzusteigen.

▸▸ Wo finde ich Unterstützung, wenn ich als Einziger an der Einführung der Portfolios arbeite?

Wenn Sie der Einzige an Ihrer Schule sind, der in der Leistungsbewertung neue Wege gehen will, könnten Sie
- ≫ sich einen Kollegen an einer anderen Schule suchen, mit dem Sie sich austauschen können (z.B. über das Internet),
- ≫ in Klassen hospitieren, wo die Portfolio-Arbeit bereits in die Praxis umgesetzt wurde,
- ≫ Internet-Recherche betreiben,
- ≫ Seminare an der Universität besuchen,
- ≫ einen Verein gründen,
- ≫ Experten ansprechen,
- ≫ Fachliteratur lesen oder
- ≫ an einer Fortbildung teilnehmen.

Tipp:
In der Anfangsphase der praktischen Umsetzung von Portfolio-Arbeit sollten Sie ganz langsam vorgehen, herausfinden, womit Sie und Ihre Schüler gut klarkommen, und von da aus Schritt für Schritt weitermachen.

10. Juni

Das war vielleicht ein Jahr! Als Kollegium lagen wir noch nie so weit auseinander und waren einander noch nie so nah. Wir haben die Idee der Leistungsbewertung mit Portfolios fast das ganze vergangene Halbjahr über durchgekaut. Mal waren wir uns einig, dann wieder überhaupt nicht. Zeitweise hätten wir alles hinschmeißen können, aber dann kam wieder ein Durchbruch und beim nächsten Treffen machten wir große Fortschritte. Wir liegen bezüglich vieler Feinheiten immer noch nicht endgültig auf einer Linie, aber wir haben uns auf das grobe Konzept geeinigt, die entsprechende Literatur gelesen, und es sieht so aus, als könnten wir im September einen Probelauf starten. *Kay*

4. September

Jeden Schüler bei der Herstellung seines eigenen Portfolios zu begleiten, wird eine echte Herausforderung. Am wichtigsten ist, dass wir in diesem ersten Jahr nicht versuchen, alles auf einmal anzufangen.

Ich werde damit anfangen, ein paar Arbeitsproben zu sammeln. Ich werde die ersten Arbeiten meiner Schüler aus ihren Lesetagebüchern aufbewahren sowie etwas aus ihren Lerntagebüchern im Mathematik- und Sachunterricht. Diese Arbeitsergebnisse werden die Ausgangspunkte für die Schüler in ihren Portfolio-Mappen sein. *Kay*

Arbeiten mit Portfolios

2 Grundlagen für die Arbeit mit Portfolios

▸▸ Was muss ich im neuen Schuljahr als Erstes tun?

In den ersten Wochen des neuen Schuljahres besteht Ihre Hauptaufgabe darin, für Ihre Fächer die ersten Arbeitsergebnisse der Schüler zu sammeln. Beachten Sie bitte, dass die Schüler nur zu diesem Zeitpunkt (Schuljahresanfang) nicht selbst an der Auswahl der Arbeitsergebnisse beteiligt sind. Die vom Lehrer ausgewählten Arbeitsproben nennt man **Ausgangsbeispiele**. Sie sind deshalb so wichtig für die Arbeit mit Portfolios, weil die Schüler ihre Fortschritte später an ihnen messen.

In dieser Phase brauchen Sie Ihren Schülern den Prozess der Leistungsbewertung mit Portfolios noch nicht detailliert erklären. Sie können den Ablauf besser zu einem späteren Zeitpunkt erklären, der näher an den Zeugnissen liegt – dann sind die Schüler bereits aktiv in die Gestaltung ihrer Portfolios involviert.

Wichtiger Hinweis:
Wenn die Arbeit mit Portfolios ganz neu an der Schule eingeführt wird, ist es wichtig, dass sich alle Beteiligten auf den Lernstoff und die Bewertungskriterien zur Beurteilung der Schüler einigen. Wenn alle Kollegen mit denselben Erwartungen an die Sache herangehen, kann die erste Phase beginnen – das Sammeln der Ausgangsbeispiele.

Tipp:
Lassen Sie die Schüler die ersten Schulwochen über in Ringbücher schreiben. So können Sie die Ausgangsbeispiele leichter einsammeln.

⇥ Was für Ausgangsbeispiele sammle ich ein?

Sie sollten schon im Voraus entscheiden, welche Aufgaben in den einzelnen Fächern für die ersten Arbeitsproben herangezogen werden. Stichhaltig sind nur solche Arbeitsproben, die weder überarbeitet noch von Ihnen korrigiert wurden.

Die Schüler dürfen sie aber Korrektur lesen. Die ersten Arbeitsergebnisse aus jedem Fach bilden den Ausgangspunkt für die Beurteilung des Schülers. Eine kurze Durchsicht dieser Arbeitsproben verschafft Ihnen schnell und anschaulich einen Überblick über den Leistungsstand des Schülers zu Beginn des Schuljahres.

Innerhalb einer Klasse ist das Leistungsniveau der einzelnen Schüler oft sehr unterschiedlich. Bei Ihrer Unterrichtsplanung sollten Sie sich von den Lehrplänen und den Anforderungen an die jeweilige Klassenstufe leiten lassen und nicht von einzelnen Schülern. Die ersten Arbeitsproben sind sehr wichtige Instrumente für die weitere Planung Ihres Unterrichts.

14. September

Ich sammle zurzeit die Ausgangsbeispiele. Mir ist klar, dass diese Arbeitsergebnisse authentisch abbilden müssen, was die Schüler am Schuljahresanfang können und dass ich sie in keiner Weise manipulieren darf. Ich darf sie nicht auf Fehler hinweisen und mich zu diesem Zeitpunkt auch nicht mit ihnen austauschen. Ich sehe, dass die Schüler im Sommer einiges verlernt haben und häufig unter ihrem Vorjahres-niveau arbeiten. Ich habe mich bemüht, die Arbeitsproben einzusammeln, ohne mich einzumischen. Ich sehe so viele Dinge, die sie besser können müssten, aber wenn ich ihnen jetzt helfe oder ihre Fehler verbessere, mache ich alles kaputt. *Shirley-Dale*

Arbeiten mit Portfolios

2 | Grundlagen für die Arbeit mit Portfolios

Praxisbeispiel:

Mit Ausgangsbeispielen arbeiten

Die ersten Arbeitsproben markieren den Ausgangspunkt für die Beurteilung der
Fortschritte und Leistungen jedes Schülers. In einer Klasse sitzen vermutlich Schüler
mit ganz unterschiedlichen Kenntnissen und Fähigkeiten, wie die folgenden Beispiele für Schreibfertigkeit deutlich machen.

> 13. September
> Unser Baum
> Ich mag Wurzeln
> Ich mag Borke
> Ich mag Äste
> Ich mag Wasser
> Ich mag Nahrung
> Ich mag Zweige
> Ich mag Blätter
> Ich mag Grün
> Ich mag Rot

Ausgangsbeispiel aus dem Sachunterricht einer 2. Klasse. Die Schüler sollten einen Text über einen Baum schreiben. Sie hatten in einem Brainstorming Wörter gesammelt, die mit Bäumen zu tun haben. Der Lehrer hatte die Wörter an die Tafel geschrieben. Dieser Schüler schrieb nur die Wörter von der Tafel ab. Seine Schreibfertigkeit ist noch nicht besonders gut ausgeprägt.

Diese Arbeitsprobe stammt von einem anderen Schüler aus derselben Klasse. Seine Schreibfertigkeit ist ganz deutlich weiter entwickelt als die des ersten Schülers.

> 13. September
> Unser Baum hat eine braune und rote Rinde. Er sieht aus als ob er älter ist als ich. Er hat eine sehr rauhe Borke. Die meisten Blätter sehen rundlich aus. Im Herbst wechseln sie die Farbe. Einige Teile des Baumes sind bogenförmig. Die Blüten werden zu Blättern. Die Wurzeln wachsen unter der Erde. Der Baum lagert seine Nahrung im Stamm.

Es folgen erste Arbeitsproben für Schreibfertigkeit im Mathematikunterricht,
die zwei Schüler aus derselben 5. Klasse verfasst haben.
Die Schüler sollten erklären, was ein Bruch ist.

Ein Bruch ist so als ob
ich eine Pizza hätte und
thomas kommt vorbei und
isst ein stück auf.

Dieser Schüler hat entweder nicht verstanden, was ein Bruch ist, oder kann es nicht in Worte fassen.

Brüche

Ein Bruch ist ein Teil von Etwas. Beispiel:
Kai hat 3 Äpfel und du nimmst dir einen. Dann
hast du 1/3 von Kais Äpfeln. Du hast einen der
drei genommen.
🍎🍎🍎 1/3

Nachdem du einen der drei Äpfel genommen hast,
hat Kai noch 2/3 der Äpfel übrig. Er hat zwei
von den drei Äpfeln übrig.
🍎🍎🍎 2/3

Wenn du dir drei von Kais Äpfeln nehmen würdest,
hättest du 3/3 oder drei von den Äpfeln. Man
nennt das auch ein Ganzes.
🍎🍎🍎 3/3

Frage: Wenn du eine Pizza hast, die aus acht
Stücken besteht und ich nehme mir 5 Stücke,
welchen Bruchteil oder Anteil hätte ich dann?

Dieser Schüler zeigt, dass er das Prinzip sehr gut verstanden hat.

Arbeiten mit Portfolios

Kriterienraster erarbeiten: Was Sie wissen müssen!

▸▸ Wie vermittle ich meinen Schülern das „Sich-selbst-Einschätzen"?

Wie man sich selbst beurteilt, sollten Schüler gleich zu Beginn des Schuljahres lernen. Zuerst müssen sie lernen, Kriterienraster zu erstellen. Bevor sie gute Arbeitsergebnisse abliefern können, müssen sie wissen, wie gute Arbeitsergebnisse aussehen. Sie sollten ihnen dabei helfen, die Kriterien für gute Arbeitsergebnisse zu erkennen.

▸▸ Wie erstelle ich mit meiner Klasse Kriterienraster?

Analysieren Sie mit Ihren Schülern Beispiele für gute Arbeitsergebnisse und diskutieren Sie mit ihnen darüber. Anhand eines guten Arbeitsergebnisses ermitteln sie eine Reihe von Kriterien, die dann als Maßstab für die Beurteilung der weiteren Arbeiten herangezogen werden. Da Ihre Schüler sich im Verlauf des Schuljahres neue Begriffe und Fähigkeiten aneignen, sollten sie bei Bedarf auch die Kriterienraster entsprechend überarbeiten oder erweitern.

Es ist wichtig, dass Schüler Vorlagen oder Musterbeispiele für gute Arbeitsergebnisse sehen, die alle gegebenen Kriterien für ein bestimmtes Fach oder eine spezielle Aufgabe erfüllen. Sie sollten das ganze Schuljahr über immer wieder eine Reihe von Musterbeispielen für Ihre Fächer bereithalten.

Sie können Ihren Schülern helfen, Kriterien aufzustellen: Zeigen Sie ihnen Musterbeispiele für gute Arbeitsergebnisse und diskutieren Sie mit ihnen darüber. Es fällt Schülern leichter, die Kriterien für gute schriftliche Arbeiten zu erkennen, wenn sie möglichst viele gute Arbeitsproben lesen und analysieren. Die Schüler machen sich dieses Wissen für die spätere Selbstbeurteilung zu Nutze. Es hilft ihnen dabei, die eigene Arbeit einheitlich und objektiv zu bewerten. Kriterienraster sind für Schüler wichtige Instrumente, mit denen sie täglich arbeiten. Wenn die Schüler im Laufe des ersten Halbjahres beginnen, an ihren eigenen Portfolios zu arbeiten, sind ihnen die einzelnen

> **Tipp:**
> Bringen Sie die Kriterienraster jeden Tag „ins Spiel". So machen sich Ihre Schüler mit ihnen vertraut und sie gewöhnen sich daran, ihre entstehenden Arbeiten mit Hilfe der Kriterien kritisch zu beleuchten.

Punkte aus dem Kriterienraster bereits vertraut und sie können sie souverän anwenden. Es erfordert viel Zeit, Schülern zu vermitteln, wie man Kriterienraster aufstellt, aber der Aufwand lohnt sich. Die Raster sollten ergänzt oder überarbeitet werden, wenn neue Lerninhalte dazugekommen sind.

Um ein Kriterienraster zu erstellen, analysieren Schüler und Lehrer gemeinsam ein Musterbeispiel und diskutieren darüber, auf Grund welcher Merkmale es „gut" geworden ist. Dabei ist es wichtig, dass die Schüler ihre Ansichten selbst formulieren. Sie halten dabei die Stellungnahmen der Schüler im Original-Ton fest.
Auch wenn sich einige Kriterien für bestimmte Fächer oft ähneln, sollten Sie nicht darauf verzichten, die Schüler selbst Kriterien formulieren zu lassen.
Wenn sie in den Rastern ganz exakt die Formulierungen lesen, die sie selbst geäußert haben, werden ihnen die Kriterien klarer und überzeugender erscheinen.
Die Raster sollten für alle Schüler das ganze Schuljahr über einsehbar sein, damit sie sie sowohl während der Arbeit als auch für die Auswahl ihrer Arbeitsergebnisse heranziehen können. Sie könnten die Raster z.B. in der Klasse aushängen. Fordern Sie Ihre Schüler dazu auf, sich jedes Mal auf die Raster zu beziehen, wenn sie ihre Arbeiten prüfen oder überarbeiten. Nur so können sie sicher sein, dass ihre Arbeitsergebnisse vollständig sind und die festgesetzten Kriterien erfüllen. Die folgenden Kriterienraster wurden von einer 2. und einer 7. Klasse erarbeitet. In beiden Klassen haben die Schüler in der ersten Stunde 4 oder 5 Punkte für das Raster festgelegt. Weitere Aspekte kamen in späteren Stunden dazu.

Kriterienraster: Gute Textarbeit – 2. Klasse

- Themen auflisten, über die man schreiben will
- überlegen, wer den Text lesen soll
- guter, logischer Aufbau
- Text sollte eine Einleitung, einen Hauptteil und einen Schluss haben
- man muss Gefühle beschreiben *(Beispiel: traurig, glücklich, wütend, überrascht)*
- Sätze mit Punkt, Fragezeichen oder Ausrufungszeichen beenden
- Satzanfänge, Orts- und Personennamen groß schreiben
- auf Rechtschreibung achten
- kleine Details in Text einbauen
- nicht jeden Satz gleich anfangen
- Text zum Schluss noch einmal auf Fehler durchlesen

2 Grundlagen für die Arbeit mit Portfolios

Kriterienraster: Gute Textarbeit – 7. Klasse

≫ Du solltest verschiedene Textarten schreiben können.

≫ Du solltest wissen, zu welchem Zweck man welche Textart wählt.

≫ Recherchiere gründlich, wenn du einen informativen Text schreibst.

≫ Gliedere deinen Text durch Absätze.

≫ Benutze abwechslungsreiche, bildhafte Sprache.

≫ Dein Wortschatz sollte zur Textart passen.

≫ Entwickle deinen eigenen Schreibstil.

≫ Achte auf Rechtschreibung und Zeichensetzung.

≫ Arbeite mit einem Lexikon und einem Duden.

≫ Lies deinen Text noch einmal durch und überarbeite ihn gegebenenfalls.

⁞⁞ Was kann ich tun, wenn die Schüler wichtige Kriterien nicht nennen?

Viele Kriterien basieren auf dem Vorwissen, das Schüler über ein Fach, eine Fähig-keit oder ein Konzept mitbringen. Wenn sie wichtige Kriterien nicht von sich aus vorschlagen, müssen Sie herausfinden, ob sie bestimmte Begriffe und Fähigkeiten kennen und anwenden können, aber einfach nicht daran gedacht haben, sie zu erwähnen, oder ob eine Bildungslücke vorliegt. Sie können mit Fragen und Beispie-len versuchen, die gesuchten Informationen aus den Schülern herauszukitzeln.

Wenn Ihre Schüler wichtige Kriterien nicht kennen oder verstehen, sollten Sie diese wie neuen Unterrichtsstoff behandeln. Führen Sie Ihre Schüler dann in eigens dafür vorgesehenen Unterrichtsstunden in den Stoff ein. Für die Entwicklung der Kriterien-raster ist das kein Problem, weil die Arbeit mit den Rastern das Schuljahr als fortlaufender Prozess begleitet. Sie werden immer dann verbessert und erweitert, sobald die Schüler etwas Neues gelernt haben.

Bevor ein neuer Aspekt in das Raster aufgenommen wird, müssen die Schüler diesen Aspekt verstanden haben und mehrere Beispiele für gute Arbeitsergebnisse sehen, die diesen Aspekt veranschaulichen.

Ein Kriterienraster entwickeln

1. Bereiten Sie Musterbeispiele so vor, dass sie diese als Overhead-folie, Schaubild oder an der Tafel zeigen können.
2. Analysieren und diskutieren Sie die Beispiele mit der Klasse. Die Schüler sollen selbst formulieren, was gut gelungen ist.
3. Halten Sie die Äußerungen der Schüler in deren eigenen Worten im Kriterienraster fest.
4. Zeigen Sie das Jahr über immer wieder Beispiele für gute Arbeitsergebnisse und überarbeiten Sie bei Bedarf das Raster.

4. November

Letzte Woche haben Kay und ich uns nach dem Unterricht in jeder Klasse die Kriterienraster für Textarbeit angesehen. Wir waren erstaunt, wie sehr sie einander glichen. Die Schüler hatten nahezu identische Aspekte in ganz ähnlicher Weise formuliert. Das ist erschreckend, weil die Schüler manchmal bis zu drei Klassenstufen auseinander liegen. Außerdem habe ich festgestellt, dass die meisten meiner Schüler zwar zum Raster hochschauen, wenn sie ihre schriftlichen Arbeiten Korrektur lesen oder überarbeiten, die Qualität ihrer Arbeitsergebnisse sich aber nicht wesentlich verändert hat. Was mache ich falsch? Als ich im Sommer mit einem Prüfungsteam zusammenarbeitete, haben wir mit Beispielen und Standard-bewertungskriterien gearbeitet, um unsere Erwartungen anzuheben. Ich werde versuchen, mit meiner Klasse genauso vorzugehen. *Shirley-Dale*

➔ Welche Hintergrundinformationen brauche ich, um den Schülern bei der Erstellung von Kriterienrastern zu helfen?

Sie können sich sicher vorstellen, wie einer Lehrerin in einer 7. Klasse zu Mute ist, die zum ersten Mal Kriterienraster erarbeiten soll. Sie ist vielleicht Deutschlehrerin und hat schon die ersten Arbeitsproben für schriftliche Arbeiten eingesammelt. Nun muss sie mit der Klasse zusammen das Kriterienraster erarbeiten.

Arbeiten mit Portfolios

2 Grundlagen für die Arbeit mit Portfolios

Sie fragt sich möglicherweise:

≫ Wie viele von den Schülern arbeiten auf Schuljahresniveau?

≫ Welche Erwartungen werden an Siebtklässler gestellt?

≫ Wie kann ich den Schülern helfen, sich zu verbessern?

≫ Wie sehen gute schriftliche Arbeiten in der siebten Klasse aus?

Wer solche Fragen beantworten kann, verfügt über das erforderliche Handwerkszeug für gute Kriterienraster.

Ein Lehrer muss von Anfang an wissen, mit welchen Fachbegriffen für Leistungs-bewertung seine Schulleitung und Kollegen arbeiten und wie sie diese benutzen. Wenn es keine einheitliche Terminologie gibt, kann das zu beträchtlicher Verwirrung im Hinblick auf die unterschiedlichen Erwartungen der Kollegen führen. Die Arbeit mit einer einheitlichen Terminologie hilft den Lehrern dabei, gute Arbeitsergebnisse klar zu erkennen und übereinstimmend zu bewerten.

Wichtige Begriffe:

Orientierungswert _____ Der Orientierungswert ist eine Richtlinie oder ein Bezugspunkt, anhand dessen etwas gemessen oder beurteilt wird.

Bewertungsschema _____ Unter einem Bewertungsschema versteht man ein Auswertungsinstrument, das die Kriterien (also das, was „zählt") für ein Arbeitsergebnis auflistet. Es legt Kriterien für unterschiedliche Leistungsniveaus fest.

Musterbeispiel _____ Ein Musterbeispiel ist eine Vorlage oder ein Modell, das bestimmte Kriterien für ein gutes Arbeitsergebnis oder eine gute Leistung erfüllt. Ein Musterbeispiel wird gezeigt, damit dessen Merkmale kopiert oder nach-geahmt werden können.

Kriterienraster_____ Ein Kriterienraster ist eine Auflistung von Kriterien, die sich aus dem höchsten Niveau einer Bewertungs-übersicht herleitet. Es wird eingesetzt, um die Kriterien für ein gutes Arbeitsergebnis festzulegen.

Ein Lehrer sollte auch wissen und verstehen, wie die Inhalte, Konzepte und Fähigkeiten für ein Fachgebiet im Lehrplan dargelegt werden. Für den Deutschunterricht ist es z.B. unerlässlich, dass der Lehrer Fachkenntnisse über die Merkmale guter Schreibfertigkeit mitbringt. Er muss außerdem die Strukturen und Merkmale unterschiedlicher Textarten kennen.

Halten Sie sich auf dem Laufenden: Lesen Sie die aktuellen Lehrpläne, informieren Sie sich über den aktuellen Forschungsstand der Fachwissenschaft und arbeiten·Sie eng mit Kollegen zusammen. Setzen Sie sich mit ihnen zusammen und erarbeiten Sie Bewertungsschemata. Wenn ein Lehrer die Lehrplananforderungen und die entsprechenden Beurteilungsrichtlinien verinnerlicht hat, kann er beginnen, mit den Schülern an den Kriterienrastern zu arbeiten.

Bewertungsschema erarbeiten

1. Treffen Sie sich mit einer Gruppe interessierter Kollegen.

2. Legen Sie das Schulfach fest. Die Teilnehmer sammeln Beispiele für schwache, mittelmäßige und hervorragende Arbeitsergebnisse in diesem Fach.

3. Verteilen Sie Kopien oder projizieren Sie die Arbeitsproben per Overheadfolie an die Wand. Gehen Sie Schuljahr für Schuljahr nacheinander durch.

4. Analysieren Sie in allen Klassenstufen mehrere Arbeitsproben für jedes Leistungsniveau und bewerten Sie jedes Beispiel einzeln. Formulieren Sie Kriterien für das Niveau jedes einzelnen Beispiels. Diskutieren Sie offen darüber und stellen Sie sich auf Auseinandersetzungen ein. Alle Beteiligten müssen sich über die Kriterien für jedes Niveau in sämtlichen Klassenstufen einig werden.

5. Sortieren Sie die Arbeitsproben in Ordner ein, die mit „mangelhaft", „befriedigend" und „sehr gut" betitelt sind.

6. Fassen Sie die Kriterien der Arbeitsproben gemäß Klassenstufe und Niveau in Form einer Liste zusammen.

7. Formulieren Sie einen Textentwurf für das Bewertungsschema und setzen Sie ein weiteres Treffen an, um ihn zu überarbeiten und zu vollenden.

Arbeiten mit Portfolios

2 | Grundlagen für die Arbeit mit Portfolios

23. September

Nun liegt der erste Schritt hinter mir und ich bin sehr zufrieden, dass ich die Ausgangsbeispiele tatsächlich alle zusammen habe.

Ich bin überrascht, wie einfach es war. Eigentlich habe ich nur die ersten fertigen Arbeiten meiner Schüler genommen. Sie haben im Kunstunterricht auf großen Bögen die Deckblätter für ihre Mappe gestaltet. Dann haben wir ihre Arbeitsproben in die Mappen gelegt und diese in einem Karton deponiert. Jetzt kann ich entspannter damit umgehen. Im Anschluss an die nächste Lehrerkonferenz werden wir uns wohl kurz über unsere Erfahrungen austauschen. Ich bin gespannt, wie es den anderen Kollegen ergangen ist. *Kay*

Kapitel 3

Leistungs-bewertung mit Portfolios

Es ist nichts Großartiges daran,
besser zu sein als jemand anderes.
Wahre Größe zeigt sich darin,
besser zu sein, als man selbst es vorher war.

Plakat in einer Klasse

3 | Leistungsbewertung mit Portfolios

14. November

In 1½ Wochen gehen die Zeugnisse raus und ich weiß, dass ich viel zu tun habe. Ich habe wochenlang überlegt, wie ich meiner Klasse die Idee mit den Portfolios vorstellen soll. Natürlich kann ich von der Klasse nicht erwarten, dass sie weiß, wie man ein Portfolio anlegt, geschweige denn, was das ist. Ich kann nicht einfach sagen „Strick mir einen Pullover" und von jemandem erwarten, dass er weiß, wie man einen Pullover strickt. Dann hatte ich einen Geistesblitz. Ich beschloss, einen befreundeten Künstler zu bitten, mit seinem Portfolio die Klasse zu besuchen. Seitdem sie Stefans Portfolio gesehen haben und er ihnen erklärt hat, warum er jedes einzelne Stück dafür ausgesucht hat, können sie es kaum erwarten, mit ihren eigenen Portfolios anzufangen.

Kay

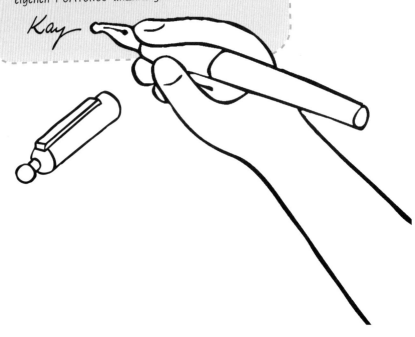

Der Unterschied zwischen Portfolios und Arbeitsmappen

Ein Portfolio und eine Arbeitsmappe sind nicht dasselbe, obwohl in beiden Schülerarbeiten aufbewahrt werden. In der Arbeitsmappe werden einfach alle Arbeitsergebnisse eines Schülers gesammelt. Das Portfolio dagegen enthält eine Auswahl von Arbeitsergebnissen, die der Schüler selbst ausgesucht hat. Sie dienen als Nachweis für seine besten Leistungen. **Ein Portfolio ist nicht nur ein Aufbewahrungsort, sondern Teil eines Bewertungsprozesses**, bei dem Schüler lernen, ihre eigenen Arbeiten zu präsentieren und zu bewerten.

Die Schüler vergleichen und bewerten ihre Arbeitsergebnisse anhand ihrer vorangegangenen Arbeiten und benutzen sie dazu, neue Lernziele festzulegen. Sie können ihre Fortschritte im Laufe eines bestimmten Zeitraumes nachvollziehen und dadurch auch ihren eigenen Lernstil besser kennen lernen. Dieser ganze Prozess der Portfolio-Bewertung ist genauso wichtig wie das Arbeitsergebnis selbst. Das ganze Schuljahr über nehmen die Inhalte des Arbeits-Portfolios nicht nur Einfluss auf Ihre Unterrichtsplanung, sondern machen diese für Ihre Schüler auch transparent. Portfolio-Arbeit ist eine formative Leistungsbewertung sowohl für den Schüler als auch für den Lehrer. Das Portfolio ist im Grunde auch ein Zeugnis für den Lehrer. Es bewertet die Effektivität des Unterrichts und ist die summative Leistungsbewertung für Schüler und Lehrer. Außerdem wird es auch zu einem wertvollen Bewertungsinstrument für das darauffolgende Schuljahr.

▸▸ Woraus besteht ein Portfolio?

Für die Arbeit mit Portfolios fertigen die Schüler in unserem Unterricht zwei verschiedene Arten von Portfolios an.

1. Das Arbeits-Portfolio

Das Arbeits-Portfolio enthält die Ausgangsbeispiele und die besten Arbeitsproben aus dem ersten Halbjahr.

Ausgangsbeispiele: Der Lehrer sammelt die ersten Arbeitsproben seiner Schüler ein. Sie werden als Ausgangsbeispiele bezeichnet und dienen als Grundlage für die Beurteilung der Fortschritte. Die Ausgangsbeispiele werden mit Datum versehen und bis zum Halbjahreszeugnis im Arbeits-Portfolio aufbewahrt.

Arbeiten mit Portfolios

Halbjahresbeispiele: Die Schüler wählen anhand festgelegter Kriterien ihre besten Arbeitsproben für das Halbjahreszeugnis aus. Sie vergleichen ihre besten Ergebnisse mit den Ausgangsbeispielen, formulieren eine schriftliche Erklärung, warum sie gerade diese ausgesucht haben und setzen sich Ziele für das nächste Halbjahr. Die Arbeitsproben werden mit Datum versehen und verbleiben bis zum Jahresabschlusszeugnis im Arbeits-Portfolio.

2. Abschluss-Portfolio

Am Ende des zweiten Halbjahres wählen die Schüler wieder ihre besten Arbeits- ergebnisse aus. Diese kommen in das Abschluss-Portfolio. Wieder erklären sie bei jeder Arbeit, warum sie sie ausgewählt haben. Diese Arbeitsergebnisse vergleichen die Schüler dann mit ihrer Halbjahresauswahl. Dann formulieren sie persönliche Lernziele für das nächste Schuljahr. Das Abschluss-Portfolio wird dem Lehrer im nächsten Schuljahr übergeben. So kann man kontinuierliches Lernen vom einen zum nächsten Schuljahr sicherstellen.

▸▸ Wie mache ich aus einer Sammlung von Arbeiten ein Portfolio?

Damit das Portfolio nicht einfach eine Sammlung von Arbeitsergebnissen ist, sondern ein richtiges Portfolio, sollten Sie die Bestandteile eines Portfolios kennen und wissen, wie man damit arbeitet. Unsere Schüler führen unterschiedliche Hefte und Ordner, darunter Schreibhefte, Lerntagebücher, Ringbücher und Schnellhefter. Aus diesen „Quellen" wählen sie ihre besten Arbeitsergebnisse für die Portfolios aus. Die ersten Arbeiten, die in das Arbeits-Portfolio wandern, sind die Ausgangs- beispiele am Schuljahresanfang. Die Ausgangsbeispiele sollten wirklich die einzigen Arbeitsergebnisse sein, die die Schüler nicht selbst auswählen.
Sie können die Arbeitsproben in Klarsichthüllen aufbewahren, um sie zu schützen. Am Ende des ersten Halbjahres wählen die Schüler aus ihren Unterlagen die besten Arbeitsergebnisse aus und legen sie dann in das Arbeits-Portfolio. Sie vergleichen ihre Arbeitsergebnisse mit den Kriterienrastern und den Ausgangsbeispielen. Dann bewerten sie ihre Arbeitsproben und entwickeln neue Lernziele.

Tipp:

Es ist wichtig, dass die Schüler ausreichend Platz für ihre Erklärungen haben, wenn sie ihre Arbeit reflektieren und ihre Lernziele formulieren. Kopiervorlagen mit vorgegebenen Überschriften und Antwortfeldern können Schüler beim Schreiben einschränken und bewirken nicht selten, dass sie sich auch nur begrenzt Gedanken darüber machen.

▶▶ Wie und wann erkläre ich den Schülern die Arbeit mit Portfolios?

Mitte des ersten Halbjahres sollten Sie den Schülern das Portfolio-Konzept vorstellen. Wenn Ihre Schüler das Arbeiten mit Portfolios schon gewöhnt sind, können Sie die wichtigsten Schritte noch einmal kurz wiederholen.

Verteilen Sie die Checkliste „*Wie ich ein Arbeitsergebnis für das Portfolio vorbereite*" (s.S. 56) an die Schüler. Sie werden das Auswahlverfahren mit den Schülern mehrmals durchgehen müssen. Sie sollten eine Reihe von Ausgangsbeispielen und Halbjahresbeispielen parat haben, anhand derer die Klasse üben kann. Zeigen Sie den Schülern anhand eines Ausgangs- und eines Halbjahresbeispiels, wie die Auswahl vorgenommen werden soll. Nun sollen die Schüler weitere Beispiele selbst beurteilen und anhand des Kriterienrasters miteinander vergleichen.

Halten Sie die Kommentare der Schüler unter der Überschrift „*Warum ich dieses Arbeitsergebnis gewählt habe*" und die Lernziele unter „*Meine Lernziele für das zweite Halbjahr*" fest. Nachdem die Schüler Gelegenheit hatten, ein bisschen zu üben, können Sie ihre eigenen, echten Ausgangsbeispiele benutzen, die Sie zu Beginn des Schuljahres eingesammelt haben. Helfen Sie den Schülern dabei, sich selbst einzuschätzen und Lernziele zu formulieren.

Arbeiten mit Portfolios

3 Leistungsbewertung mit Portfolios

Tipp:

Viele Lehrer gehen davon aus, dass Schüler ganz automatisch verstehen, wie man sich Ziele setzt. In Wirklichkeit lesen viele Schüler das Wort „Ziel", haben aber vielleicht noch nie darüber nachgedacht, was es in Bezug auf ihre Arbeit bedeutet. Sich Ziele zu setzen ist eine Fähigkeit, die man – wie jedes andere neue Konzept – lernen und trainieren muss. Wenn Schüler das Wort „Ziel" hören, denken sie häufig an Sport. Das ist ein großartiger Aufhänger, um die Bedeutung des Begriffs „Ziel" zu veranschaulichen. Sie können den Begriff „Ziel" z.B. anhand der Definition „ein Ergebnis, auf das man seine Bemühungen ausrichtet" erklären und den Schülern so vermitteln, wie sie beim Lernen mit Zielsetzungen arbeiten können.

▸▸ Wie wichtig ist die Auswahl der Schüler für die Leistungsbewertung mit Portfolios?

Früher bekamen alle Schüler nur am Ende einer Unterrichtseinheit eine Note. Manchmal wurden auch einzelne Aufgaben bewertet und die Einzelnoten wurden am Ende des Halbjahres zu einem Durchschnittswert zusammengefasst. Die Benotung war immer etwas Geheimnisvolles für die Schüler und damit auch immer etwas, das ihnen Angst machte. Die Note gab dem Schüler kein detailliertes Feedback. Die Notengebung war ein Geheimnis, das nur die Lehrer kannten. Schüler blieben im Großen und Ganzen vom Bewertungsverfahren ausgeschlossen.

Wenn Schüler ihre besten Arbeitsergebnisse für die Portfolios auswählen, erkennen sie ihre Stärken. Das gibt ihnen ein ungemeines Selbstbewusstsein. Das selbstständige Formulieren von Schwächen und neuen Lernzielen hat sehr positive Auswirkungen. Jetzt ist es nicht mehr allein der Lehrer, der die Schüler auf ihre Fehler hinweist, sondern sie selbst müssen ihre Fehler erkennen und Wege finden, wie sie sich verbessern können. Dazu gibt es ganz konkrete Belege für ihre Fortschritte und Erfolge. Bei dieser Form der Bewertung sind Lehrer und Schüler gemeinsam für die Leistungsbeurteilung verantwortlich.

Leistungsbewertung mit Portfolios

▸▸ K O P I E R V O R L A G E ◂◂

Wie helfe ich meinen Schülern,
die Arbeitsergebnisse auszuwählen:

☑ Motivieren Sie Ihre Schüler. Gestalten Sie mit ihnen gemeinsam die Portfolio-Mappen für das erste Halbjahr.

☑ Suchen Sie eine schriftliche Aufgabe, die ein Schüler zu Beginn des Schuljahres angefertigt hat sowie ein zweites Arbeitsergebnis desselben Schülers, das gegen Ende des ersten Halbjahres entstanden ist. Es ist besser, wenn Arbeiten von einem Schüler aus einer anderen Klasse besprochen werden. Der Schüler sollte außerdem anonym bleiben. Kennzeichnen Sie die Arbeiten als *„Ausgangsbeispiel"* und *„Halbjahresbeispiel"*.

☑ Fertigen Sie eine Overheadfolie an, die beide Beispiele nebeneinander zeigt.

☑ Schreiben Sie die Überschriften *„Warum ich dieses Arbeitsergebnis gewählt habe"* und *„Meine Lernziele für das zweite Halbjahr"* an die Tafel.

☑ Demonstrieren Sie den Schülern in einem Probedurchlauf das Verfahren, nach dem sie vorgehen werden. Vergleichen Sie dazu die beiden Beispiele und beziehen Sie sich dabei auf das Kriterienraster für gute schriftliche Arbeiten.

☑ Halten Sie Ihre Äußerungen unter der Überschrift *„Warum ich diese Arbeitsprobe gewählt habe"* fest und notieren Sie, woran die Entwicklung und Fortschritte vom einen zum anderen Beispiel deutlich werden.

☑ Untersuchen Sie nun noch einmal das Halbjahresbeispiel und beziehen Sie sich dabei wieder auf das Kriterienraster. Machen Sie den Schülern klar, wo noch eine Verbesserung nötig ist.

☑ Notieren Sie diese Punkte unter *„Meine Lernziele für das zweite Halbjahr"*.

☑ Wiederholen Sie den Vorgang mit anderen Ausgangs- und Halbjahresbeispielen. Diesmal sollen die Schüler vergleichen und Sie notieren nur die Äußerungen der Schüler an der Tafel.

☑ Geben Sie Ihren Schülern die Ausgangsbeispiele, die Sie zu Beginn des Schuljahres von allen Schülern eingesammelt haben.

☑ Gehen Sie durch den Klassenraum und helfen Sie den Schülern, sich selbst einzuschätzen und ihre Lernziele für das nächste Halbjahr zu formulieren.

Arbeiten mit Portfolios

Leistungsbewertung mit Portfolios

▸▸ K O P I E R V O R L A G E ◂◂

Wie ich ein Arbeitsergebnis für ein Portfolio vorbereite:

☑ *Hake jeden Schritt ab, den du erledigt hast.*

1. Suche alle deine Arbeitsergebnisse für das Fach _____
zusammen, die du in diesem Halbjahr gesammelt hast.
Bringe alles an deinen Arbeitsplatz.

2. Schreibe deinen Namen und das Datum oben rechts auf ein Blatt Papier.
Schreibe dann die Überschrift „Warum ich dieses Arbeitsergebnis
gewählt habe:" oben auf das Blatt.

3. Untersuche deine Arbeiten sorgfältig. Nimm die Punkte auf
dem Kriterienraster zu Hilfe, um deine beste Arbeitsprobe
für dieses Fach auszuwählen.

4. Lege das Ausgangsbeispiel neben deine neue Arbeitsprobe. Vergleiche
nun deine neue Arbeit mit der älteren. Beachte dabei die festgelegten
Kriterien (Kriterienraster). Suche nach Fortschritten und Verbesserungen, die bei deinem ausgewählten Arbeitsergebnis deutlich werden.

5. Was findest du an deinem ausgewählten Arbeitsergebnis besonders
gelungen? Wo siehst du deine Stärken? Notiere sie auf dem Blatt mit der
Überschrift „Warum ich dieses Arbeitsergebnis ausgewählt habe:" auf.

6. Nimm ein neues Blatt Papier und schreibe „Meine Lernziele für
das zweite Halbjahr" oben auf das Blatt. Lege anhand deines ausgewählten Arbeitsergebnisses fest, in welchen Bereichen du dich
noch verbessern musst und notiere diese Ziele.

7. Lege die Blätter mit deinen Überlegungen und Zielen hinter
das Arbeitsergebnis, das du ausgesucht hast.

8. Lege alles zusammen in dein Portfolio.

© Verlag an der Ruhr • Postfach 10 22 51 • 45422 Mülheim an der Ruhr • www.verlagruhr.de

20. März

Diesen Monat standen auf der Tagesordnung unserer Lehrerkonferenz wieder die Portfolios. Wir versuchen mit all unseren Fragen und Sorgen ins Reine zu kommen. Je mehr wir wissen, desto mehr wissen wir nicht – so kommt es uns jedenfalls vor. Diesmal hatten wir eine große Debatte darüber, ob die Schüler wirklich frei wählen sollen, was sie für ihre beste Arbeit halten. Es fällt uns so schwer, die „Alleinherrschaft" abzulegen. Einige von uns konnten die Schüler als Gleichberechtigte anerkennen, aber die lautesten Meinungsäußerungen kamen von den anderen: „Ich bin immer noch der Lehrer. Ich würde mich vor meiner Verantwortung drücken, wenn ich sie an die Schüler abgebe." „Ich habe ihre Arbeiten schon zensiert und sie die Fehler korrigieren lassen – soll ich diese Arbeiten benutzen?" „Ich kann doch nicht zulassen, dass sie Arbeiten mit Fehlern darin einreichen. Das durchschauen sie doch." Die Lehrer, die für ihre Schüler die Arbeitsproben in die Portfolios legen, verbringen mit der Auswahl etliche Stunden über Bergen von Schülerordnern, Arbeitsmappen und Wochenplänen. Sie sind es, die den Wert von Portfolios in Frage stellen. Ich denke, wir befinden uns wirklich alle auf unterschiedlichen Lernniveaus – genau wie unsere Schüler.

Shirley-Dale

▸▸ Was soll ich tun, wenn mir die Auswahl meiner Schüler nicht gefällt?

Diese Frage gehört zu den größten Problemen für Lehrer, die daran gewöhnt sind, im Klassenraum ganz allein zu entscheiden. Der springende Punkt ist: Wenn ein Schüler tatsächlich eine schlechtere Arbeitsprobe als seine beste auswählt, hat er die Kriterien für gute Arbeitsergebnisse noch nicht richtig verstanden. Ein solcher Fall öffnet dem Lehrer dann aber die Augen und ist selbst ein gutes Bewertungsinstrument.

Es ist wichtig, dass Sie die Wahl des Schülers respektieren. Aber Sie sollten sie zu deuten wissen und dem Schüler in so einem Fall mehr Hilfe anbieten. Es gibt immer Schüler, die etwas Unterstützung oder einen kleinen Schubs brauchen, um ihre besten Ergebnisse zu erzielen.

▸▸ Soll ich selbst Arbeitsproben in das Portfolio legen?

Diese Frage hat schon so manche Diskussion unter Lehrern entfacht. Einige sind der Meinung, dass das alleinige Eigentumsrecht des Schülers an seinem Portfolio verletzt wird, wenn auch der Lehrer Arbeitsergebnisse auswählt.

Ob von Ihnen ausgewählte Arbeitsproben mit aufgenommen werden, müssen Sie letztlich selbst entscheiden. Vielleicht sind Sie der Meinung, dass die Auswahl eines Schülers nicht ausreichend widerspiegelt, was er wirklich leisten kann. Wenn Sie von Ihnen ausgewählte Arbeitsergebnisse in das Portfolio aufnehmen, sollten Sie diese deutlich kennzeichnen, z.B. mit einem „L" oben auf dem Blatt. Sie sollten auch immer begründen, warum Sie die ein oder andere Arbeitsprobe ausgewählt haben. Arbeitsproben, die Sie als Lehrer beisteuern könnten, sind z.B.:

• *Tests,*
• *Arbeitsergebnisse,*
• *kurze Berichte, wie Schüler sich in bestimmten Situationen verhalten und*
• *Beobachtungsbögen.*

Wenn Sie einen Test in das Portfolio legen, sollten Sie analysieren, warum Sie ihn dazulegen möchten und was er bewertet. Spiegelt er wider, was der Schüler weiß? Ist er eine Bereicherung für das Portfolio?

12. Oktober

Wir hatten wieder eine Lehrerkonferenz. Die Ausgangsbeispiele der ganzen Schule liegen jetzt vor. Einige Kollegen sind sehr viel aufgeregter und interessierter als andere. Die Frage „Was machen wir als Nächstes?" kam auf. Uns ist klar, dass wir die Schüler vor dem Halbjahresende einbeziehen müssen. Sie sind diejenigen, die ihre Arbeitsproben aussuchen sollen. Sie werden darüber entscheiden, welche Arbeit ihre beste ist. So viel wissen wir, aber wie kommen wir da hin? Shirley-Dale

▶▶ Wie sollten die Arbeitsergebnisse „aussehen"?

Die Qualität der gesammelten Arbeitsergebnisse hängt auch von der Qualität des Unterrichts ab. Ihre Aufgabe ist es, den Schülern neue Konzepte und Fähigkeiten zu vermitteln, die sie dann in ihre Arbeit einfließen lassen können.

Schüler entwickeln generell mehr Verantwortung für das eigene Lernen, wenn sie die Kriterienraster selbst aufstellen können. So fällt es ihnen auch einfacher, eine gute, mittelmäßige oder hervorragende Arbeit zu erkennen.

Lesen Sie die einzelnen Erklärungen der Schüler, warum sie ein bestimmtes Arbeitsergebnis ausgewählt haben, aufmerksam. Sie zeigen, ob die Schüler sich der Fähigkeiten bewusst sind, die zur Erfüllung der Kriterien notwendig sind. Wenn sich Schüler neue Lernziele setzen, erkennen sie, welche Fähigkeiten ihnen für eine wirklich gute Arbeit noch fehlen.

Praxisbeispiel:

Schüler reflektieren das eigene Lernen

Im Folgenden sehen Sie Beispiele aus dem Mathematik-, Deutsch- und Sachunterricht. Die Schüler begründen ihre Auswahl in kurzen Erläuterungen.

> 24. Februar
>
> Ein Drittel und ein Viertel sind Brüche. Ein Drittel ist eins von drei gleich großen Teilen. Ein Viertel ist ein gerechter Anteil. Wenn ich eine Tafel Schokolade habe, breche ich sie in drei Stücke und esse ein Drittel. Beim Kochen rechnet man mit einem Drittel und einem Viertel. Wenn ich eine Wassermelone habe, schneide ich sie in vier Teile und esse ein Viertel.

In dieser schriftlichen Arbeitsprobe aus dem Mathematikunterricht definiert ein Fünftklässler den Begriff der Bruchrechnung und bezieht das Prinzip auf eine Situation des täglichen Lebens.

Arbeiten mit Portfolios

3 | Leistungsbewertung mit Portfolios

In seiner Reflexion erkennt der Schüler Aspekte, die für Schreibfertigkeit im Mathematikunterricht sehr wichtig sind.

> **23. März**
>
> Warum ist das mein bestes Ergebnis? Das ist meine beste Arbeit, weil ich große Anfangs-buchstaben benutzt und Punkte gesetzt habe. Ich habe nichts vergessen und mich nicht verschrieben. Ich habe mathe-matische Begriffe benutzt und meine Antwort ist fehlerfrei.

> „Der schwarze Fluss"
>
> Ich finde, das Gedicht „Der schwarze Fluss" ist wirklich gut geschrieben. Wenn der Autor David McCord beschreibt, wie die Luft in seinen Lungen beißt, läuft mir ein kalter Schauer über den Rücken. Wenn der Schlitten den Hügel hinuntergleitet und der schneidende Wind nachlässt, wird mir langsam wärmer. Es ist so, als sei ich selbst dort und der starke Wind hörte auf, in meinem Gesicht zu brennen. Ich fühle mich so, als sei ich diejenige mit den gefrorenen Tränen im Gesicht und würde als nächstes auf den Hügel laufen.
> Wenn David McCord schreibt: „Ich liege da, in einem tiefen Schlaf. Jeder Muskel meines Körpers kommt zum Stillstand und sinkt dahin wie nasser Stoff.", kann ich mir das gut vorstellen. Ein kalter Junge, der wie betäubt am Fuße des Hügels liegt, entscheidet sich wieder auf-zustehen und es noch einmal zu tun. So, als erfülle ihn neues Leben, hat es wieder Energie.
> Wenn ich an einem steilen Hügel hinunterrutsche, geht es mir ungefähr genau so. Runterrutschen und dann aufspringen, um es noch zu rutschen, rutschen,... immer noch einmal, bis man losmuss.

Diese schriftliche Stellungnahme zu einem Text zeigt, dass die Schülerin die Botschaft des Autors verstanden hat. Sie ist in der Lage, ihre Gefühle beim Lesen des Gedichtes auszudrücken. An diesem Arbeitsergebnis wird deutlich, dass die Schülerin gelernt hat, sich kritisch und wertend zu äußern.

17. März

Ich habe meinen Text über den „Schwarzen Fluss" ausgewählt, weil ich glaube, dass ich verstanden und aufgeschrieben habe, was uns der Autor David McCord sagen will. Ich wusste, worum es in der Geschichte ging und habe schon einmal eine ähnliche Erfahrung gemacht. Ich schreibe selbst gern diese Art von Geschichten.

In ihrer Reflexion beschreibt sie, warum sie diese Arbeitsprobe ausgewählt hat.

Gibt es einen sicheren Platz auf der Erde?

Es gibt keinen Platz wo nichts passieren kann. Wenn du in den Bergen wohnst, kann es Lawinen geben. Wenn du in der Wüste lebst, kann es Sandstürme geben. Wenn du an einem großen Fluss lebst, kann es eine Flut geben, wie letztes Jahr. Ob du an einem oder einem anderen Platz wohnst ist egal, jeder Platz hat seine Gefahren. Flut, Erdbeben, Sturm, Vulkane und noch anderes. Ich glaube in Deutschland ist es ganz sicher, aber auch hier kann es mal ein Erdbeben geben. Meine Mutter sagt, sie hat schon mal ein Erdbeben erlebt.

Ich habe mir diesen Text ausgesucht, weil ich glaube, dass er der beste von mir geschriebene Text ist. Ich habe Absätze gemacht und alles richtig geschrieben. Ich hatte gute Ideen und habe mir viel Mühe gegeben. Meiner Lehrerin hat es gefallen.

Dieses Beispiel aus dem Sachunterricht zeigt, dass der Schüler verstanden hat, was eine Naturkatastrophe ist.

3 Leistungsbewertung mit Portfolios

> 23 November
>
> warum ich diesen Text ausgesucht habe?
>
> Ich habe ihn ausgesucht, weil er länger ist als der von September. Diese Aufgabe fand ich interessant und sie ist meine beste.
> Meine Aufgabe von Oktober hat fünf Zeilen mehr.

> 17. Juni
>
> Warum ich diese Arbeit ausgesucht habe?
>
> Ich habe den Text laut gelesen. ich habe nach Fehlern gesucht, Buchstaben, Groß anfangen und Punkte. Ich habe ganz genau beschrieben und habe darauf geachtet, das alles einen sinn ergibt. Als ich meinen Text laut gelesen habe bin ich Zeile für Zeile mit dem Finger lang gegangen und habe geguckt ob alles richtig ist.

Die Reflexionen des Schülers zeigen, welche Fortschritte er gemacht hat:
In der zweiten Begründung geht er ganz konkret auf einzelne Punkte
des Kriterienrasters ein.

Diese Arbeitsergebnisse zeigen die Entwicklung eines Schülers
von der 1. bis zur 4. Klasse.

*Ein Text aus dem
Deutschunterricht am
Anfang der 1. Klasse.*

2 Sitronen

1 Afe

3 Bananen

*Ein Text aus dem
Sachunterricht in der 1. Klasse.*

ICH HEMA
GERN MITM
HAMA UN
N EGL

1. Schildkröten sint langsam.
2. Schiltkröten können schwimmen.
3. Sie in ihrem Panzer.
4. Sie versteken sich im Panzer.
5. Sie essen Pflanzen
6. Sie sint so langsam weil sie
   einen Panzer haben weil er so
   schwer ist

Dieser Text stammt aus dem Sachunterricht in der 4. Klasse.

Arbeiten mit Portfolios

63

3 | Leistungsbewertung mit Portfolios

Diese Arbeitsergebnisse zeigen die Fortschritte der Schreibfähigkeit einer Schülerin von der 3. bis zur 5. Klasse.

22. September

Bäume sind ein zu Hause
für Katzen und Vögel
Bäume haben Wurzeln,
Rinde, Blätter Äste.

Text aus dem
Sachunterricht
in der 3. Klasse.

27. Oktober

Am Dienstag sind wir ins
Freilichtmuseum gegangen.
Dort haben wir gesehen wie
Brot gebacken wurde und wie
Werkzeug gemacht wird. Das
war interesant, weil das früher
ganz anders ging als heute Es
gab nur zwei Brote. Wir konnten
sie probieren und man konnte es
auch kaufen.

Bericht der Schülerin
nach einem
Klassenausflug
in der 4. Klasse.

5. April

Mein Lieblingstier

Mein Lieblingstier ist mein Hund
Tommy. Tommy ist ein Mischling.
Wir haben ihn aus dem Tierheim
geholt. Ein Mann hat ihn gefunden und ins Tierheim ge-
bracht. Wahrscheinlich hatte der
Vorbesitzer Tommy ausgesetzt,
weil er ihn nicht mehr haben
wollte. Tommy hat weiches,
langes Fell und dunkle Augen.
Zweimal am Tag füttere ich
ihn mit Hundefutter. Ich muss
aufpassen, dass Tommy immer
frisches Wasser hat. Tommy ist
der beste Hund der Welt.

Beschreibung des
Lieblingstieres aus
dem Deutschunterricht
in der 5. Klasse.

Materialien, Zeitrahmen und Aufbewahrung

▸▸ Welche Materialien muss ich zur Organisation, Herstellung und Aufbewahrung von Portfolios bereitstellen?

Für die Arbeit mit Portfolios ist es ganz wichtig, dass man Unterlagen gut ordnen kann. Portfolios können ganz unterschiedlich aussehen: Schüler können Mappen, Hefter, Ordner, Hängeregistraturen oder Schachteln verwenden. Sie können sich natürlich auch selbst eine Portfolio-Mappe basteln. Dazu brauchen sie Graupappe, Material zum Zuschneiden und ggf. zum Kleben. Zur Aufbewahrung der einzelnen Arbeitsproben bieten sich Klarsichthüllen an.

Sie sollten auf jeden Fall ein gut funktionierendes System entwickeln, das Ihnen und Ihren Schülern beim Anfertigen, Ordnen und Aufbewahren der Arbeitsergebnisse hilft. Ein System, das umständlich, zeitaufwändig und schwer zugänglich ist, wird niemand nutzen.

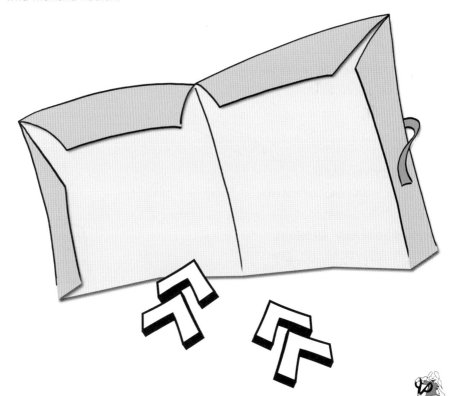

Arbeiten mit Portfolios

3 Leistungsbewertung mit Portfolios

Portfolios herstellen: Material und Zubehör

Material für die Leistungsbewertung
≫ Bewertungsraster
≫ Notizhefte für Beobachtungen
≫ Abfrage-/Testformulare
≫ Lehrpläne für die Klassenstufe und das Fach
≫ Musterbeispiele guter Arbeitsergebnisse für das Fach und das Schuljahresniveau

Bürobedarf für die Herstellung von Portfolios
≫ Ordner, Mappen, Hefter, Hängeregistraturen, Schachteln (Klassensätze)
≫ Klarsichthüllen
≫ Etiketten
≫ Papier
≫ Graupappe und Band (für Bastler)
≫ Marker, Filzer, Bleistifte, Buntstifte
≫ Scheren
≫ Tesafilm und Klebstoff

Aufbewahrung
≫ Schachteln (stabile Plastikkästen haben sich bewährt)

Technisches Zubehör
(wenn vom Lehrer gewünscht)
≫ Audiokassetten, Kassettenrekorder
≫ Computer, Scanner, CD-Brenner, Disketten/CD-ROMs
≫ Kamera und/oder Digitalkamera und/oder Videokamera

Wenn die Arbeit mit Portfolios gut organisiert ist, haben sowohl Schüler als auch Lehrer schnell und unkompliziert Zugang zu den Arbeiten. Farbkennzeichnungssysteme haben sich besonders bei jüngeren Schülern bewährt. Die Schüler könnten z.B. aus einem großen Bogen roten Tonpapiers eine Mappe für die Ausgangsbeispiele basteln. Sie schreiben dann ihren Namen, das Datum und das Jahr vorne auf die Mappe und dürfen dann ganz individuell das Deckblatt gestalten.

Die Mappe für die Arbeitsergebnisse aus dem 1. Halbjahr könnten sie dann in einer anderen Farbe basteln. Eine andere Möglichkeit sind Trennblätter zwischen den verschiedenen Kategorien (Ausgangsbeispiele, Arbeitsproben etc.) innerhalb der Portfolio-Mappe.

Auf der linken Innenseite der Portfolio-Mappe sollte es auf jeden Fall ein **Inhaltsverzeichnis** geben, das immer wieder ergänzt wird. Die Schüler nummerieren alle Arbeitsergebnisse durch und listen sie im Inhaltsverzeichnis auf.

Ob Sie jetzt mit Ordnern, Mappen, Schnellheftern oder Hängeregistraturen arbeiten, bleibt Ihnen überlassen. Entscheiden Sie sich für das System, mit dem Sie und Ihre Schüler am besten klarkommen.

Sie können die Arbeitsergebnisse im Portfolio auch noch um eine Dimension erweitern: **Nehmen Sie Ihre Schüler beim Vorlesen auf Kassette auf.** Sie könnten sie zu Beginn des ersten Halbjahres aufnehmen und diese Aufnahme später mit einer Leseprobe aus dem zweiten Halbjahr vergleichen. Dies ist eine ausgezeichnete Methode, um die Lesefertigkeit zu beurteilen und die Entwicklung und Fortschritte der Schüler zu beobachten. So eine Kassette könnte einen Schüler seine gesamte Grundschulzeit über begleiten. Wenn man mit Aufnahmen auf Kassetten arbeitet, erfordert das natürlich zusätzliches Zubehör (Kassettenrekorder, Mikrofon, Kassette) und mehr Stauraum für die Portfolios. Versehen Sie die Kassetten mit Etiketten und beschriften Sie sie (Datum, Art der Leseprobe).

> *Tipp:*
>
> Mit einer Digital-Kamera können Sie sich und Ihren Schülern die Arbeit mit Portfolios erleichtern.

Arbeiten mit Portfolios

3 Leistungsbewertung mit Portfolios

➭ Lohnt es sich, digitale Portfolios anzulegen?

Digitale Portfolios haben viele Vorteile. Lehrer, Schüler und Eltern brauchen nur ein paar Tasten zu drücken und schon können sie die Arbeitsergebnisse eines Schülers vergleichen, die dieser über mehrere Jahre in einem bestimmten Fach angefertigt hat. Außerdem benötigen eine CD-ROM oder ein Ordner auf dem Laufwerk eines Computers wesentlich weniger Platz als echte Ordner. Trotzdem sollten Sie über folgende Punkte nachdenken, bevor Sie beginnen, in Ihrer Klasse mit digitalen Portfolios zu arbeiten:

Ausstattung Ihre Schüler sollten Zugang zur Hardware und Software haben. Sie brauchen **mindestens einen** tiptop ausgestatteten Arbeitsplatz mit Scanner, Software, Drucker, CD-Brenner und Digitalkamera.

Datenspeicherplatz Grafiken und Fotos benötigen mehr Speicherplatz als Textdateien. Stellen Sie sicher, dass das System Ihrer Schule große Dateien verkraftet, ohne dass andere Anwendungen darunter leiden. Legen Sie Sicherheitskopien an und speichern Sie Daten auf CD-ROM, um das System nicht unnötig zu belasten und den Verlust wichtiger Daten zu vermeiden.

Arbeitsaufwand Daten für digitale Portfolios zusammenzutragen ist eine mühsame und zeitintensive Angelegenheit.

Verwaltung Damit Sie für jeden Schüler einen Bereich einrichten, unterschiedliche Dateiformate abspeichern und jede Arbeitsprobe mit erläuternden Kommentaren versehen können, muss eine Datenbank angelegt werden. Ein passwortgeschützter Zugang ist ebenfalls erforderlich.

20. März

Mir fiel auf, dass zwei Schüler schriftliche Arbeiten ausgewählt haben, die meines Erachtens keine besonders guten Beispiele für ihre besten Arbeitsergebnisse sind. Wenn ich so darüber nachdenke, könnte ich mir vorstellen, dass sie die Texte auf Grund des Themas ausgewählt haben. Es ging um Hockey und das ist für sie das Größte. Vielleicht müssen sie auch einfach noch mehr Beispiele für gute Arbeiten sehen. Ich werde während der Schreibwerkstatt das Kriterienraster mit ihnen überarbeiten. Ich werde sie nicht noch einmal auswählen lassen, aber ich frage sie, ob ich auch ein Beispiel für ihre beste Arbeit aussuchen und in ihre Portfolios legen darf. Ich kennzeichne sie als Lehrerauswahl und schreibe dazu, warum ich sie gewählt habe. *Kay*

21. November

Irgendwie kam es mir diese Woche so vor, als führten Blinde die Blinden. Wir lernen immer noch alle gleichzeitig – die Schüler und ich. Aber ich habe das Gefühl, viel geleistet zu haben. Ich bin meiner Praktikantin und meiner Teamkollegin so dankbar – ohne ihre Hilfe hätte ich es nicht geschafft. Einige Schüler brauchten die ganze Zeit über intensive Hilfestellung, während andere schnell verstanden, wo es langging. Aber jetzt ist alles fertig und weggeräumt. *Kay*

Arbeiten mit Portfolios

3 | Leistungsbewertung mit Portfolios

▸▸ Wie viel Zeit sollten Lehrer und Schüler in die Arbeit mit Portfolios investieren?

Das Konzept der Leistungsbewertung mit Portfolios ist integraler Bestandteil des Lernprozesses und dauert das ganze Jahr über an. Idealerweise arbeiten die Schüler in verschiedenen Fächern ständig mit den Kriterienrastern. Diese werden ständig erweitert und überarbeitet.

Das tatsächliche Bestücken der Portfolios kann jedes Halbjahr in der letzten Woche vor den Zeugniskonferenzen erfolgen. Geben Sie den Schülern jeden Tag ein bisschen Zeit dafür. Die meisten Schüler sind in der Lage, die Auswahl in einer Woche zu treffen und zu begründen. Einige Schüler brauchen vielleicht mehr Hilfestellung dabei. Geben Sie ihnen Zeit, damit sie ihre Portfolios genauso erfolgreich vorbereiten können wie der Rest der Klasse.

10. Juni

Diese Woche hat meine Klasse ihre Portfolios fertig gestellt. Diesmal lief alles wie am Schnürchen, weil sie schon mit dem Prozedere vertraut waren. Die etwas besseren Schüler hatten sogar Zeit, den schwächeren zu helfen und so konnten wir alle viel Zeit sparen. Als sie noch einmal ihre Ausgangsbeispiele anschauten, mussten sie oft über Fehler lachen, die sie am Anfang des Jahres noch gemacht haben. Sie baten mich darum, den anderen ihre lustigsten Stücke vorstellen zu dürfen. Es zeigte sich, dass diese improvisierte Aktion selbst eine interessante Lernerfahrung war. Nun haben sie bis auf die Arbeitsproben aus dem zweiten Halbjahr alles mit nach Hause genommen. Die Abschluss-Portfolios der anderen Jahrgänge werden am Schuljahresende an die Lehrer für die nächste Klassenstufe weitergereicht. Meine jedoch werden an die weiterführende Schule geschickt. Ich weiß nicht, was für ein Schicksal diesem wertvollen kleinen Karton voller Portfolios bestimmt ist.
Ich möchte ihn fast behalten, aber ich vertraue darauf, dass die Arbeit eines ganzen Jahres nicht umsonst gewesen ist. Shirley-Dale

⯈ Was passiert mit den Portfolios, wenn die Schüler an eine weiterführende Schule wechseln?

Im Idealfall werden Grundschul-Portfolios an die weiterführende Schule weitergereicht. So können Lehrer die Fortschritte eines Schülers im Laufe der Zeit verfolgen und ihre Entwicklung beobachten. Stärken und Schwächen sind schnell erkannt und der Schüler kann ohne Unterbrechung kontinuierlich lernen.

⯈ Wie und wo soll ich Hunderte von Portfolios aufbewahren?

An weiterführenden Schulen sind Klassenräume oft ganz anders eingerichtet als in der Grundschule. Vor allem in der Oberstufe sind Lehrer für ein bestimmtes Fach verantwortlich und die Schüler wandern in einem Kurssystem oft den Schultag über von einem Raum zum nächsten. Ein Mathematiklehrer kann ohne Weiteres bis zu 120 Schüler aus unterschiedlichen Klassen bzw. Kursen unterrichten, die alle ihre besten Mathematik-Arbeitsproben für das Portfolio sammeln. Wie kommt der Lehrer mit all diesen Arbeitsproben zurecht? Wie gelangen sie in die Portfolios der Schüler? Und wie passt das alles mit den Anforderungen eines hektischen Arbeitstages zusammen?

An vielen Schulen ist man dazu übergegangen, die Leistungsbewertung mit Portfolios im Team umzusetzen. Lehrer treffen sich in Teams, um das Vorgehen zu organisieren, zu planen und in die Tat umzusetzen. Schon bei den ersten Zusammenkünften müssen die Gruppenmitglieder die Verantwortlichkeiten klären. Die anfängliche Arbeit mag viel Zeit kosten, aber am Ende wird deutlich, dass es sich auszahlt.

Tipp:

Beginnen Sie am Schuljahresende schon etwas früher mit der Portfolio-Arbeit. Die letzten Wochen vor Schuljahresende sind erfahrungsgemäß sehr vollgepackt mit Klassenarbeiten, Tests und mündlichen Abfragen.

Arbeiten mit Portfolios

Leistungsbewertung mit Portfolios

▸▸ K O P I E R V O R L A G E ◂◂

Organisations-Tipps für Lehrerteams

*Wir haben diese Tipps vor dem Hintergrund unserer eigenen
und der jahrelangen Erfahrung unserer Kollegen ausgewählt,
die in Lehrerteams gearbeitet haben.*

1. Die Schüler-Portfolios werden in den Klassenräumen bzw. in extra
   dafür ausgewiesenen Räumen aufbewahrt. Wenn Sie der Einzige sind,
   der mit Portfolios arbeitet, empfiehlt es sich, die Portfolios im
   entsprechenden Fachraum aufzubewahren.

2. Jeder Lehrer sammelt nur für seinen eigenen Fachbereich
   Ausgangsbeispiele.

3. Die Lehrer wählen die Ausgangsbeispiele aus und
   legen sie nach Fächern geordnet in die Portfolios.

4. Dann wandern alle Portfolios in eine Aufbewahrungsbox
   und werden weggestellt.

5. Für den Zeitraum der Zeugniskonferenzen legen Lehrerteams
   in Terminplänen fest, wann sie in jedem Fach mit Portfolio-
   Arbeitsproben arbeiten werden. Die Schüler wählen anhand
   der Kriterienraster für jedes Fach ihre besten Arbeiten aus und
   formulieren ihre Begründungen und Lernziele schriftlich.
   Um die Schüler nicht zu überfordern, sollte der Zeitplan nicht
   mehr als ein Fach pro Klasse und Tag vorsehen.

6. Zu Beginn der „Portfolio-Bewertungs-Woche" stellt der Klassen-
   bzw. Kurslehrer die Portfolio-Kiste für alle zugänglich in den
   Klassenraum. In dieser Woche tragen die Schüler ihre Portfolios
   für alle Fächer bei sich. Sie brauchen die Ausgangsbeispiele bzw.
   Arbeitsproben vom letzten Halbjahr, um vergleichen, begründen
   und Ziele formulieren zu können.

7. Die Schüler verwenden ihre Portfolios auch zur Planung,
   Vorbereitung und Durchführung schülergeleiteter Gespräche.

© Verlag an der Ruhr • Postfach 10 22 51 • 45422 Mülheim an der Ruhr • www.verlagruhr.de

6. Juni

Shirley-Dale und ich sind aufgeregt, weil wir einen Anruf vom Kultusministerium erhalten haben. Sie haben uns dazu eingeladen, im Sommer ein Seminar über Leistungsbewertung mit Portfolios zu geben, das den Titel „Bildung - eine Frage der Methode" tragen sollte.
Es soll schon am 12. Juli stattfinden, also haben wir alle Hände voll zu tun. Wir haben beschlossen, es „Die Beweise sind längst fort" zu nennen und beziehen uns dabei auf unser erstes Gespräch an jenem Abend, in dem es darum ging, dass Zeugnissen Leistungsnachweise beiliegen sollten.

Kay

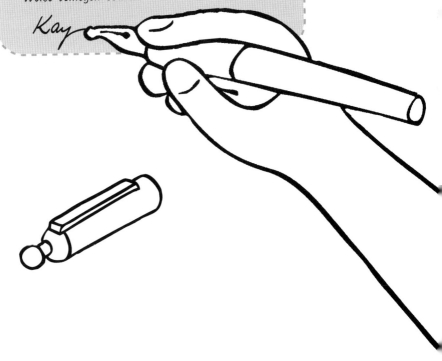

Arbeiten mit Portfolios

3 | Leistungsbewertung mit Portfolios

Praxisbeispiel:

Das Portfolio in der Sekundarstufe

Die Leistungsbewertung mit Portfolios in der Mittel- und Oberstufe ist manchmal komplizierter. Ein Mittel- oder Oberstufenlehrer unterrichtet über hundert Schüler in seinen Fächern. Allein die Menge der Portfolios zu bewältigen, scheint oft unmöglich.

Ein weiteres Problem entsteht, wenn einige Grundschulen Portfolios an die weiterführenden Schulen schicken und andere nicht. Trotzdem haben viele Mittel- oder Oberstufenlehrer erkannt, dass Leistungsbewertung mit Portfolios eine sehr sinnvolle und erfolgreiche Methode ist. Die folgenden Tipps sollen Sie davon überzeugen:

[X] Erkenne das zu Grunde liegende pädagogische Prinzip – das ist entscheidend

Manchmal versuchen sich Lehrer recht erfolglos an der Leistungsbewertung mit Portfolios. Es scheint oft so, als habe man damit mehr Last als Nutzen, wenn man sich mit Stapeln von Arbeitsproben befassen muss, aber eigentlich keine Zeit dafür hat. In Momenten wie diesen hilft es Lehrern oft, sich noch einmal klarzumachen, was sie eigentlich über die Arbeit mit Portfolios wissen. Eine Mittelstufenlehrerin, die große Probleme hatte, beschloss z.B., sich noch einmal in der Literatur kundig zu machen, bevor sie die Arbeit mit den Portfolios endgültig aufgeben wollte. Sie stellte fest, dass sie nur sehr wenig darüber wusste. *„Ich übertrug meinen Schülern gar keine Verantwortung und kontrollierte alles alleine"*, erklärte sie. Nachdem sie sich besser informiert hatte, begann sie im nächsten Jahr noch einmal von vorne. *„Ich habe gelernt, dass Wissen und Durchhaltevermögen der Schlüssel zum Erfolg sind. Wenn ich heute ins Stocken gerate, weiß ich, wie ich das Problem anpacken kann!"*

Als Team vorgehen

„Zwei Köpfe sind besser als einer, das stimmt ganz einfach. Ich hatte das Glück, dass all meine Teamkollegen die Leistungsbewertung mit Portfolios ausprobieren wollten", erzählte uns ein Lehrer. Ein paar Lehrer aus seinem Kollegium besuchten gemeinsam einen Workshop und das war für sie das Sprungbrett zur Auseinandersetzung mit Portfolio-Arbeit. *„Der nächste Schritt war die Planungsphase. Wir arbeiten jetzt schon seit drei Jahren im Team und haben die größten Störfaktoren ausgemerzt. Man muss sich sehr engagieren und viel Geduld aufbringen. Aber wir haben das Gefühl, an einem lohnenden Projekt zu arbeiten und ohne den gemeinsamen Ansatz hätten wir es nie geschafft."*

 In einzelnen Fächern mit Portfolios arbeiten

Für einen Fachlehrer, der eine Gruppe von Schülern nur in einem oder zwei Fächern unterrichtet, ist es schwieriger mit Portfolios zu arbeiten, als für einen Grundschullehrer. Wenn Fachlehrer mit Portfolios arbeiten wollen, ist es sinnvoll, für jedes Fach einzelne Portfolios anzulegen.
Ein Mathematiklehrer für die achte Klasse sagte: *„Ich bin dieses Jahr der einzige Kollege in meinem Fachbereich, der möchte, dass die Schüler Portfolios führen. Ich habe im Internet recherchiert und mir aus einer Reihe von Artikeln Ideen zusammengesucht, bis ich ein passendes Modell für meine Klassen fand. Für mich und meine Schüler war es eine großartige Erfahrung, denn es macht deutlich, was sie wissen und was nicht. Sie erkennen langsam die Anzeichen für ihre Fortschritte und beurteilen ihre eigenen Fähigkeiten als Mathematiker."*

 Portfolio-Arbeit mit einer kleinen Schülergruppe

Wenn ein Lehrer nur mit einer kleinen Gruppe von Schülern arbeitet, kann er entsprechend viel Zeit, Unterrichtsstunden und Aufwand in das Projekt investieren.
Ein Lehrer, der an einem Gymnasium für eine Fördergruppe von Migrantenkindern freigestellt wurde, hat die Arbeit mit Portfolios folgendermaßen umgesetzt: *„Ich bin an einem Gymnasium für eine Gruppe von Migrantenkindern zuständig, die spezielle sprachliche Förderung brauchen. Jedes Jahr besuche ich kurz vor Schuljahresende die Grundschulen, deren Schüler zu uns*

kommen und hole mir eine Liste der Schüler, die ich im nächsten Jahr unterrichten werde. Wenn es möglich ist, lasse ich mir vom Klassenlehrer ihre Portfolios geben.

Diese Portfolios zeigen mir ganz klar, wo ich jeden Schüler abholen muss, wenn ich mit dem Unterricht beginne. Im folgenden Schuljahr setze ich in meinen Stunden die Selbsteinschätzung fort. Ich bin der Meinung, dass der Wechsel in die weiterführende Schule ohnehin schon ein großer Einschnitt ist.

Ich kann ihnen die Eingewöhnungsphase erleichtern, wenn ich sie auf ihrem ganz eigenen Niveau abhole und ihnen dabei helfe, kontinuierlich weiterzulernen."

 Portfolios als Diagnoseinstrument einsetzen

„Ich habe nicht die Zeit, die ganzen Stapel von Portfolios durchzuarbeiten, die mir die Grundschulen schicken, aber ich habe durchaus Zeit dafür, mir die Mappen bestimmter Schüler herauszusuchen. Ich habe mir die Unterlagen von besonders begabten Schülern geholt, aber auch von solchen, die ihr Leistungspotenzial nicht ausnutzen, oder von verhaltensauffälligen Schülern, deren Leistungen unter Schuljahresniveau blieben. Ohne die Arbeitsproben in den Portfolios bräuchte ich Monate, um herauszufinden, auf welchem Niveau sie vorher gearbeitet haben."

Kapitel 4

Was gehört in ein Portfolio?

Weder Lehrer noch Schüler können erfolgreich arbeiten,
wenn sie keine klaren Vorstellungen davon haben,
was Schüler wissen und können müssen.
Aber wenn sie diese Vorstellungen
nicht in Handlungen umsetzen können,
aus denen qualitativ hochwertige Arbeit entsteht,
funktioniert es genauso wenig.

Stiggins

4 | Was gehört in ein Portfolio?

20. September

Zwei Jahre sind vergangen und Shirley-Dale und ich veranstalten immer noch Workshops zum Thema „Leistungsbewertung mit Portfolios". Die Reaktionen und die Begeisterung der Lehrer geben uns Antrieb. Es wurden so viele Fragen gestellt. Wir haben gemerkt, dass es nicht nur darum geht, die Schüler zum Arbeiten mit Portfolios zu bewegen. Es geht um sehr viel mehr und nun gibt es kein Zurück mehr: Seitdem der Stein ins Rollen gekommen ist, wollen wir alles lesen und alles wissen. Kaum zu glauben, dass schon zwei Jahre vergangen sind und wir immer noch Dinge verändern und weiter lernen. *Kay*

30. September

Das Schuljahr hat begonnen. Bei der Lehrerkonferenz gestern bekamen Kay und ich eine halbe Stunde Zeit, um den neuen Kollegen das Grundprinzip und Prozedere der Leistungsbewertung mit Portfolios zu erläutern. Der neue Schuldirektor, die neuen Kollegen und die Referendare haben uns noch einmal um eine ausführliche Schilderung zu einem späteren Zeitpunkt gebeten. Ihre Frage war eine der häufigsten Fragen aus unseren Workshops überhaupt. Sie lautet: „Was gehört in ein Portfolio?". Diese scheinbar einfache Frage wirft erfahrungsgemäß sehr viele weitere Fragen auf. *Shirley-Dale*

▸▸ Entscheiden, was in ein Portfolio gehört

In ein Portfolio können ganz unterschiedliche Arten von Arbeitsergebnissen aufgenommen werden. Die Inhalte sollten von der Schule, von einem Lehrerteam oder einem einzelnen Lehrer festgelegt werden. Wenn Portfolio-Arbeit zum Schulprogramm gehört oder als Teamprojekt realisiert wird, können die Kollegen in Konferenzen festlegen, welche Ergebnisse in das Portfolio eingehen können.
Sie sollten in jedem neuen Schuljahr Konferenzen abhalten, um Verfahren und Fortschritte zu bewerten und nötige Veränderungen vorzunehmen.

Folgende Unterlagen können Inhalte des Portfolios sein:

≫ Arbeitsproben, die im Unterricht und im Rahmen
der Hausaufgaben entstanden sind,
≫ Ergebnisse, die außerhalb des Unterrichts entstanden sind,
z.B. Bericht eines Theater- oder Museumbesuches,
≫ Rückmeldungen der Lehrer, z.B. Beobachtungsbögen oder Berichte,
≫ formale Tests, z.B. Klassenarbeiten und
≫ Reflexionen und Lernziele der Schüler.

Eines der Hauptanliegen der Arbeit mit Portfolios ist, die Fortschritte der Schüler über einen langen Zeitraum zu beobachten. Damit Sie diese Fortschritte zuverlässig beurteilen können, müssen Sie in regelmäßigen Abständen vergleichbare Arbeitsproben der Schüler erfassen.
Haben Sie z.B. eine Aufgabe zum Leseverständnis als Ausgangsbeispiel in das Portfolio gelegt, sollten Sie Ihre Schüler dazu auffordern, im ersten und zweiten Halbjahr Arbeitsergebnisse für Aufgaben zum Leseverständnis auszuwählen.
Sie können natürlich auch weitere Arbeitsproben aufnehmen, die sich auf andere Lernziele Ihres Unterrichts beziehen.
Wenn Sie der Einzige an Ihrer Schule sind, der mit Portfolios arbeitet, können Sie selbst entscheiden, welche Inhalte in das Portfolio gehören. Beziehen Sie sich bei Ihrer Auswahl aber auf die Lehrpläne.
Ein Deutschlehrer könnte die Schüler z.B. bitten, eine schriftliche Nacherzählung auszuwählen, mit der sich das Textverständnis des Schülers bewerten lässt.
In naturwissenschaftlichen Fächern könnten die Schüler eine Schilderung eines Projektes aussuchen, z.B. einen schriftlichen Bericht mit Fotos der Projektarbeit, in dem der Schüler erklärt, was er gelernt hat.

Arbeiten mit Portfolios

4 | Was gehört in ein Portfolio?

Die Anzahl der Arbeitsproben ist durch keine minimale oder maximale Anzahl begrenzt. **Viel wichtiger ist, dass jede Auswahl**

- ≫ wirklich die beste Leistung des Schülers darstellt,
- ≫ das Leistungsniveau des Schülers bezüglich bestimmter Lehrplaninhalte widerspiegelt
- ≫ und die Selbsteinschätzung und weiteren Lernziele des Schülers enthält.

Die Qualität der gesammelten Arbeitsproben hängt natürlich auch von der Qualität Ihres Unterrichts ab. Wenn Sie sich ständig weiterbilden und Ihre eigenen Methoden kritisch beurteilen, gehen Sie mit gutem Beispiel voran. So werden Sie eine fruchtbare Lernumgebung schaffen, die sich in den Arbeitsproben Ihrer Schüler widerspiegelt.

Wenn Sie die Anforderungen der Lehrpläne in Ihren Unterricht einbeziehen und eine klare Vorstellung von den Arbeitsergebnissen haben, werden die ausgewählten Portfolio-Inhalte sehr zuverlässige Bewertungsinstrumente für Sie sein. Sie werden Ihnen sehr genau zeigen, auf welcher Entwicklungsstufe sich ein Schüler befindet.

Tipp:

„... Verfahren wie Portfolioarbeit sollte man nicht nutzen, wenn noch vorwiegend nach traditionellen Methoden unterrichtet wird, bei denen Frontalunterricht und Arbeit mit dem Schulbuch an der Tagesordnung stehen."

Jones 1994

18. Oktober

Heute haben wir einen Workshop in einer Schule durchgeführt, die seit mehreren Jahren mit Portfolios arbeitet. Dort fragten sie nach Tipps und Ideen, mit denen sie ihre Portfolios verbessern und das Bewertungsverfahren überarbeiten können. Einige Kollegen brachten komplette Portfolios mit und wir hatten Gelegenheit, sie anzuschauen und über sie zu diskutieren. Was fanden wir darin vor? Na ja, einige der Portfolios waren ganz hervorragend. Man sah, dass sich da jemand viele Gedanken gemacht und eine Menge innovativer Ideen eingebracht hatte. In ein paar anderen dagegen fand sich das komplette Schreibheft des Schülers für ein ganzes Jahr. Keine Auswahl, keine Reflexionen, keine Ziele. In wieder anderen befand sich einfach ein großer Packen zusammengehefteter Arbeitsblätter, die der Lehrer bewertet hatte. Wir sprachen auf der Rückfahrt die ganze Zeit darüber, wie diese Portfolios Qualität widerspiegeln. Nicht so sehr die Qualität der Arbeiten, sondern die Qualität des Unterrichts, aus dem sie hervorgegangen sind. Wird da eigentlich der Schüler oder der Lehrer beurteilt? Shirley-Dale

Praxisbeispiel:

Von unterschiedlichen Klassenstufen an lernen

Portfolio-Inhalte in den Klassenstufen 1–6

Qualität und Quantität der Portfolio-Inhalte sind von einer ganzen Reihe Faktoren abhängig. Wenn ein Lehrer oder ein Team beginnt mit Portfolios zu arbeiten, gibt es anfänglich vielleicht nur wenige Einträge oder ausgewählte Arbeitsproben. Mit der Zeit werden die Portfolios aber eine große Auswahl an Arbeitsproben enthalten, die die Inhalte des Lehrplans widerspiegeln.

4 | Was gehört in ein Portfolio?

Die hier gezeigten Arbeitsproben sind nur zwei Beispiele für das inhaltliche Spektrum von Schüler-Portfolios in den Klassenstufen 1–6.

Dieses umfangreiche Inhaltsverzeichnis eines Abschluss-Portfolios für die 2. Klasse zeigt, dass viele unterschiedliche Arbeitsproben ausgewählt wurden. Zur besseren Übersicht sind die einzelnen Arbeitsproben durchnummeriert.

- Die **Arbeitsergebnisse 1–3** bestehen aus Einträgen in Lerntagebüchern und Arbeitsblättern.

- **Arbeitsprobe 4** fasst zusammen, was der Schüler bei einem Projekt für den Sachunterricht gelernt hat.

- Die **Proben 5 und 6** sind Beobachtungsbögen, die die Fortschritte und das Lernniveau des Schülers in Mathematik und Lesen dokumentieren.

- Die **Arbeitsprobe 7** hat der Schüler ausgewählt, um seine Leistungen im Bereich Schreiben zu zeigen. Mit dieser Arbeitsprobe erfüllt er seiner Meinung nach am besten die Kriterien für gutes Schreiben.

- **Arbeitsprobe 8** ist eine Arbeit aus dem Kunstunterricht.
  (Mit Ausnahme der Beobachtungsbögen liegen sämtlichen Inhalten die Schülerreflexionen und ihre Lernziele bei.)

Inhaltsverzeichnis eines Abschluss-Portfolios am Ende der 2. Klasse.

Inhalt
1. Lerntagebuch
2. Arbeitsblätter lesen und Verstehen
3. Arbeitsblätter Mathe
4. schriftliche Aufgaben Sachunterricht
5. Lesen
6. Mathe
7. Nacherzälung
8. Kunst

Wenn Sie in Ihrem Unterricht Kreativität und komplexes Denken fördern, motivieren Sie Ihre Schüler zu Höchstleistungen und werden in den Portfolios Ihrer Schüler sehr gute Arbeitsergebnisse finden.

Ein Text aus dem Mathematikunterricht, aus dem deutlich wird, dass der Schüler ein mathematisches Konzept verstanden hat, übertrifft beispielsweise ganz klar eine Reihe von Algorithmen. Ebenso hat ein zusammenhängender Text als Arbeitsprobe qualitativ mehr Gewicht als eine Reihe Arbeitsbögen mit Lückentexten.

Inhaltsverzeichnis eines Abschluss-Portfolios am Ende der 6. Klasse.

1. Leseverständnis
2. Matheaufgaben
3. Zeitungskritik
4. Übersicht Lesen

Dieser Viertklässler hat gelernt, wie man im Sachunterricht kreativ und sachlich schreibt. Er ist in der Lage, sich in eine historische Person hineinzuversetzen und ihre Erfahrungen zu beschreiben.

Geliebtes Zuhause
Liebes Tagebuch!
anno Domini 1295

Seitdem ich in Cathäy bin, habe ich vier verschiedene Sprachen gelernt. Ich habe haarige braune Wesen gesehen, die sie Affen nennen und gewaltige Schlösser. Ich habe eine Menge durchgemacht. Zuhause wollte mir niemand glauben, also bewies ich es ihnen. Ich öffnete meinen Mantel und eine Menge Gold fiel heraus. Es sieht ganz so aus, als würde ich die Lagune von Venedig nun doch wiedersehen.
Schluß
Marco Polo

Arbeiten mit Portfolios

Der Meter

Ich soll hier kurz erklären, was ein Meter ist. Der Meter ist eine Maßeinheit und eine ziemlich wichtige unter den Messwerten. Wie die meisten anderen Kinder spielst du sicher auch gern Brettspiele, und wie die meisten anderen Kinder spielst du sie wahrscheinlich auf einem Tisch. Wenn ja, ist dir schon mal aufgefallen, dass der Tisch recht hoch ist? Von der Tischplatte bis zum Boden sind es etwa ein Meter. Oder nehmen wir den Bauchnabel eines Erwachsenen – auch der befindet sich etwa einen Meter über dem Boden.

Um es genau zu sagen: Ein Meter entspricht 10 dm, 1000 cm, und 1000 mm.

Ich hoffe, dieser Text hat dir die Informationen geliefert, die du in der Welt der Mathematik über den Meter brauchst.

Dieser Viertklässler zeigt, dass er einen mathematischen Begriff präzise beschreiben und ihn mit dem Alltag verbinden kann.

⮞ Was ist ein Kindergarten-Portfolio?

Kinder im Kindergarten befinden sich auf ganz unterschiedlichen Lernniveaus. Wer zu einer Zeit, in der die Kinder noch nicht lesen und schreiben können, eine Entwicklung aufzeigen will, **braucht innovative Ideen und muss sorgfältig planen.** Der Erzieher sollte in regelmäßigen Abständen mit den Kindern darüber sprechen, was sie gelernt und erfolgreich bewältigt haben, und wie sie sich weiter verbessern können. Solche Gespräche bereiten die Schüler auf die Selbsteinschätzung vor und helfen ihnen, den erforderlichen Wortschatz dafür zu erwerben.

Die Reflexionen der Kindern über das, was sie gelernt haben, sollten informell und mündlich ablaufen, wobei der Lehrer sich vielleicht stichwortartig Notizen macht. Beim Wechsel in die Grundschule wandert das Kindergarten-Portfolio mit dem Kind mit. So kann der Klassenlehrer sich schnell ein Bild davon machen, was ein Kind bereits kann und wobei es noch Schwierigkeiten hat.

28. November

Aufregung steckt an! Wir haben nach der Schule die Vorschule besucht und waren so beeindruckt von dem, was wir sahen. Die Lehrer haben selbst für die Jüngsten einen Weg gefunden, mit Portfolios zu arbeiten. Sie erklärten uns, wie sie ein Pseudo-Portfolio hergestellt haben, das dem Teddybär Parcival gehört. Am Beispiel von Parcivals Portfolio zeigten sie den Kindern die einzelnen Entwicklungsstufen. Mit diesem Modell werden sie arbeiten, um die Portfolios in ihren Gruppen einzuführen. Sie haben ein geniales Bewertungsinstrument für Kinder entwickelt, die gerade erst Lesen und Schreiben lernen. Eine großartige Methode, das Konzept sowohl den Kindern als auch ihren Eltern vorzustellen.

Kay & Shirley-Dale

Arbeiten mit Portfolios

4 | Was gehört in ein Portfolio?

Ein Kindergarten-Portfolio kann z.B. Zeichnungen und Bilder enthalten. Diese können dokumentieren, welche Fortschritte ein Kind in einem bestimmten Zeitraum gemacht hat.

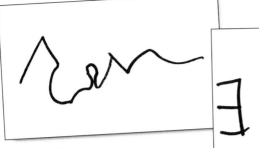

1. Sept. 2000

25. März 2001

ERNiE

2. Juni 2002

12. Februar

Unser Kollegium hat letztes Halbjahr Seminare zum Thema „Schreibfertigkeit" besucht. Wenn wir versuchen, alle schriftlichen Ergebnisse im Fach Deutsch zu berücksichtigen, wird uns die Zeit davonlaufen. Nachdem ich mich nun aber mit den ganzen verschiedenen Textarten beschäftigt habe, sehe ich doch eine Möglichkeit, die Ergebnisse zu berücksichtigen. Ich kann den Schülern z.B. im Sachunterricht beibringen, wie man ein Referat hält oder eine Erörterung schreibt. Jetzt stehe ich nicht mehr so sehr unter Druck. Ich bin ganz beeindruckt von den Referaten, die meine Zweitklässler im Sachunterricht gehalten haben. Das sind auf jeden Fall gute Arbeitsproben für ihre Portfolios. Als wir damals unsere Projektwoche „Naturwissenschaft" hatten und die Eltern den Großteil der Recherchearbeit erledigten, hätte ich es nicht für möglich gehalten, dass ich dieser Altersgruppe vermitteln kann, wie man recherchiert. *Kay*

Arbeiten mit Portfolios

Leistungsbewertung mit Portfolios und fächerübergreifende Einsatzmöglichkeiten

Oft überschneiden sich die Anforderungen unterschiedlicher Fächer: Die Überschneidung der Kriterien für den Deutschunterricht mit denen anderer Fächer ist z.B. recht vorteilhaft. So lassen sich einige Textarten problemlos in anderen Fächern unterbringen. Planen Sie den Unterricht mit Ihren Kollegen so, dass Ihre Schüler in verschiedenen Fächern Arbeitsproben für unterschiedliche Textarten anfertigen. So müssen nicht alle Textarten im Deutschunterricht behandelt werden. Einige Textarten eignen sich schon von vornherein für bestimmte Fächer. Referate passen z.B. gut in den Geschichts-, Erdkunde- oder Biologieunterricht.

Setzen Sie sich mit den Fachlehrern zusammen und legen sie fest, in welchem Fach und in welcher Klassenstufe welche Textsorte eingeführt werden soll. Wenn Schüler verschiedene Textarten in unterschiedlichen Fächern schreiben, werden sie mit der Zeit immer sicherer werden.

▸▸ **Wie können Lehrer fächerübergreifend mit Textarten arbeiten, um Arbeitsproben für die Schüler-Portfolios zu erhalten?**

Wir hatten viel Erfolg mit der fächerübergreifenden Einführung verschiedener Textarten. Die folgende Tabelle zeigt die wichtigsten Textarten, ihren Zweck und Beispiele für die jeweilige Textart.

Textart	Zweck	Beispiele
Inhaltsangabe ≫	*Informationen aus einem Text herausfiltern und zusammenfassen*	Klappentext
(Nach-)Erzählung ≫	*den Leser mit einem fantasievollen Erlebnis unterhalten*	Nacherzählung, Fabel, Geschichte, Legende, Sage, Science-Fiction
Protokoll ≫	*Zusammenfassung der wesentlichen Punkte einer Veranstaltung, eines Experiments etc.*	Ergebnisprotokoll, Verlaufsprotokoll, Versuchsprotokoll
Bericht ≫	*sachlich und präzise über ein Ereignis informieren*	Zeitungsbericht, Unfallbericht, Praktikumsbericht
Beschreibung ≫	*dem Adressaten eine genaue Vorstellung von etwas vermitteln*	Personenbeschreibung, Gebrauchsanweisung, Wegbeschreibung, Handbuch, Versuchsbeschreibung, Rezept, Gegenstandsbeschreibung
Referat ≫	*das freie Reden und Vortragen trainieren; eigenständige Auseinandersetzung mit einem bestimmten Thema; Recherche zu einem bestimmten Thema*	Referat
Erörterung ≫	*Ansichten kritisch beleuchten, den Adressaten durch logische Argumentation vom eigenen Standpunkt überzeugen*	lineare und dialektische Erörterung

Arbeiten mit Portfolios

4 Was gehört in ein Portfolio?

▸▸ Wie vermitteln Sie Ihren Schülern das Verfassen eines Sachtextes und wie bringen Sie diese Fähigkeit außerhalb des Deutschunterrichts ein?

Die folgenden Schritte zeigen, wie Sie Schülern vermitteln, Sachtexte zu verfassen und Informationen zu recherchieren. Der Sachunterricht ist besonders geeignet, das Schreiben von Sachtexten einzuführen.

Wie Sie Schülern in vier Schritten vermitteln, Sachtexte zu schreiben:

1 **Lesen, zuhören, diskutieren und untersuchen**

≫ Legen Sie die Unterrichtsziele fest und wählen Sie ein Thema aus.
≫ Suchen Sie Bücher aus, anhand derer die Schüler gemeinsam und allein Informationen sammeln können.
≫ Zeigen Sie den Schülern, wie man recherchiert. Machen Sie sie z.B. darauf aufmerksam, dass sie im Inhaltsverzeichnis eine Übersicht aller Themen eines Buches finden. So kann man sich einen ersten Überblick verschaffen.
≫ Die Schüler lesen und recherchieren einzeln oder in Gruppen.

2 **Schreiben**

≫ Zeigen Sie Ihren Schülern ein Beispiel für einen Sachtext. Er sollte alle Kriterien eines guten Sachtextes erfüllen.
≫ Lesen Sie das Beispiel gemeinsam mit den Schülern.
≫ Die Schüler sollen nun äußern, was sie schon über das gewählte Thema wissen (Vorwissen). Halten Sie diese Informationen an der Tafel fest.
≫ Formulieren Sie Fragen, aus denen deutlich wird, was die Schüler über das gewählte Thema wissen müssen oder recherchieren könnten.
≫ Zeichnen Sie anhand der Schülerantworten ein Schaubild oder eine Übersicht an die Tafel oder auf einen großen Bogen Tonpapier. Aus dem Schaubild sollte hervorgehen, was die Schüler wissen müssen oder recherchieren könnten. Beim Schreiben der Sachtexte sollten sich die Schüler an dieser Übersicht orientieren.

≫ Nun suchen sich die Schüler eines der Themen aus dem Schaubild aus.
Sie recherchieren während des Unterrichts und als Hausaufgabe Informationen zu ihrem Thema. Dann schreiben Sie ihren Sachtext.

≫ Wenn alle fertig sind, könnten sie ihre Texte z.B. am schwarzen Brett präsentieren und eventuell noch Fotos oder gezeichnete Bilder dazuheften.

Die Eltern einbinden

≫ Geben Sie den Schülern ein kurzes Schreiben mit nach Hause.
Darin informieren Sie die Eltern über das „Projekt" und die Kriterien für gute Sachtexte.

≫ Erklären Sie den Eltern, dass sie ihr Kind bei der Recherche unterstützen dürfen. Der Sachtext soll jedoch vom Schüler selbst geschrieben werden. Die Eltern dürfen dabei helfen, zu Hause oder in der Bücherei geeignete Bücher, Zeitschriften etc. zu suchen.
Die Materialien sollte der Schüler dann mit zur Schule bringen.
Erklären Sie den Eltern, dass die Arbeit mit den Texten größtenteils in der Schule erfolgen wird und die Schüler dort auch ihre Texte schreiben.

≫ Laden Sie die Eltern zur Präsentation der Sachtexte und zur Ausstellung im Klassenraum ein.

Die Verbindung zum Portfolio

≫ Stellen Sie mit den Schülern gemeinsam ein Kriterienraster für das Schreiben von Sachtexten auf.

≫ Hängen Sie das Kriterienraster in der Klasse auf. So können Ihre Schüler die Kriterien beim Schreiben einbeziehen und beim Formulieren neuer Lernziele stets im Blick behalten.

≫ Die Schüler wählen ihre beste Arbeitsprobe aus mehreren schriftlichen Arbeiten aus, die sie im Verlauf des „Sachtexte-Projekts" angefertigt haben.

Arbeiten mit Portfolios

14. März

Ich wollte mit meiner 6. Klasse das Schreiben von Erörterungen durchnehmen und beschloss, dass die Schüler am besten echte Streitfragen erörtern sollten. Also haben wir jeden Freitagmorgen diskutiert und gestritten. Es war ein voller Erfolg und machte diese Stunden zum spannendsten Erlebnis der Woche. Die Diskussionen zogen sich manchmal über Tage oder sogar Wochen hin. Sie schrieben und sprachen über Waffen und Krieg, Fragen des Wahlsystems, die Hungersnöte in aller Welt, Fairness im Sport, Erdbeben, Tierschutz und viele andere Themen. Meine Aufgabe bestand darin, jedem seine Redefreiheit zu gewähren und zusätzliche Hintergrundinformationen beizusteuern. Nie zuvor konnte ich die Bewertungskriterien für eine Erörterung erfolgreicher vermitteln als auf diese Weise. Ich bin erstaunt, dass Schüler dieser Altersgruppe schon so kritisch analysieren können und so gut Bescheid wissen. *Shirley-Dale*

❯❯ Wie kann man Erörterungen in anderen Fächern unterbringen?

Besonders gut für Erörterungen eignet sich das Fach Gesellschaftslehre. Hier bewerten, analysieren Schüler und nehmen kritisch Stellung. Die Kriterien für gute Erörterungen können Sie den Schülern z.B. ganz problemlos vermitteln, wenn Sie mit ihnen Zeitungen lesen.

Die folgende Übersicht zeigt Ihnen, wie Sie das Schreiben von Erörterungen anhand von Zeitungslektüre einführen. Außerdem sehen Sie ein Beispiel für ein Kriterienraster dieser Textart.

Kriterienraster und Vorgehensweise für das Schreiben einer Erörterung

Vorgehensweise

- Kaufen Sie einen Klassensatz einer Zeitung und legen Sie die Zeitungen auf einen Tisch im Klassenraum.
- Die Schüler blättern die Zeitungen aufmerksam durch und einigen sich auf einen Artikel, der sie interessiert.
- Nun liest jeder den Artikel für sich und hebt Schlüsselbegriffe mit einem Textmarker hervor.
- Anschließend schneiden alle den Artikel aus und kleben ihn in ihr Heft.
- Nun fassen alle Thema und Inhalt des Artikels in einem kurzen Text schriftlich zusammen.
- Danach schreiben sie eine Erörterung und legen ihren eigenen Standpunkt zu diesem Thema dar. Verweisen Sie die Schüler dabei noch einmal auf das Kriterienraster für Erörterungen.
- Am Schluss diskutieren die Schüler gemeinsam über den Artikel. Sie sollten die Diskussion leiten.

Kriterienraster

- Ziel deiner Erörterung ist, jemanden von deiner Meinung zu überzeugen.
- Du solltest selbst von deiner Meinung überzeugt sein.
- Belege deine Meinung mit guten Argumenten.
- Recherchiere gründlich, damit du sicher sein kannst, dass deine Angaben korrekt sind.
- Schweife nicht vom Thema ab.
- Der einleitende Abschnitt sollte deinen Standpunkt klarmachen.
- In jedem Abschnitt sollte ein anderer Aspekt behandelt werden.
- Am Schluss solltest du noch einmal die Schwerpunkte deiner Erörterung und deine Meinung zusammenfassen.
- Variiere deine Wortwahl.
- Arbeite mit Lexikon und Wörterbuch.
- Achte auf eine korrekte Rechtschreibung.

Arbeiten mit Portfolios

▸ Gibt es einheitliche Kriterien für Schreibfertigkeit im Mathematikunterricht?

Im Mathematikunterricht hat sich einiges verändert. Der verfahrensorientierte Ansatz ist einem begriffsorientierten gewichen. Nach diesem Ansatz zeigt sich mathematische Kompetenz im verständnisvollen Umgang mit der Mathematik und in der Fähigkeit, mathematische Begriffe in verschiedenen Kontexten anzuwenden. Schüler sollen in der Lage sein, mathematische Konzepte auf den Alltag zu beziehen.

Beim Schreiben im Mathematikunterricht können die Schüler zeigen, dass sie etwas verstanden haben und sinnvoll anwenden können. Das Schreiben zwingt sie dazu, ihre Denkprozesse besser zu strukturieren und noch einmal zu überprüfen. Das führt dazu, dass sie sich eingehender mit dem Problem beschäftigen. So wird Schülern und Lehrern deutlich, was die Schüler schon wissen und was nicht.

Schwierig wird es, wenn Schüler versuchen, ihre mathematische Schreibfertigkeit anhand eines allgemeinen Kriterienrasters für Schreibfertigkeit zu beurteilen. Für Schüler ist es sehr viel schwieriger, mathematische Konzepte in Worte zu fassen. Die allgemeinen Kriterien für Schreibfertigkeit greifen hier einfach nicht. Eine schriftliche Arbeitsprobe, die im Fach Deutsch als „gut" durchgehen würde, könnte immer noch ganz deutlich zeigen, dass der Schüler das mathematische Prinzip nicht verstanden hat.

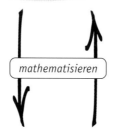

Praxisbeispiel:

Wie wir unseren Schülern geholfen haben, mathematische Schreibfertigkeit zu entwickeln

Wir begannen, uns näher mit dem Thema **„Schreiben im Mathematikunterricht"** zu beschäftigen, als die Ergebnisse der standardisierten Vergleichsarbeiten für unseren Bezirk veröffentlicht wurden. Weil unsere Schule in Mathematik besonders schlecht abgeschnitten hatte, machten wir uns Sorgen. Unser Kollegium musste seine Unterrichtsmethoden in Mathematik genau unter die Lupe nehmen und einen Plan entwickeln, um die Mängel zu beheben. Das Kollegium nahm an Fortbildungen und Seminaren teil. Wir begannen über das Thema „Schreiben im Mathematik-unterricht" nachzudenken.

Wir fragten uns:

≫ *Warum wollen wir, dass Schüler im Mathematikunterricht schreiben?*
≫ *Wie können wir sie zum Schreiben motivieren?*
≫ *Verbessern sich unsere Schüler in Mathematik, wenn sie ihre mathematische Schreibfertigkeit trainieren?*

Wir begannen, dem Schreiben in unserem Mathematikunterricht mehr Gewicht zu verleihen und entschieden uns, Texte aus dem Mathematikunterricht in die Portfolios aufzunehmen.

Während unsere Schüler ihre besten Arbeitsproben aus den Bereichen Lesen und Schreiben ohne Probleme auswählten und beurteilten, gab es erhebliche Probleme, als wir schriftliche Arbeiten aus dem Mathematikunterricht einbeziehen wollten. Wir suchten nach wissenschaftlichen Veröffentlichungen über Kriterien für mathe-matische Schreibfertigkeit. Sie sollten uns dabei helfen, Kriterienraster für Texte im Mathematikunterricht aufzustellen. Die Wissenschaftler sprachen zwar davon, dass Bedarf an einem solchen Instrument bestehe, aber wir fanden keines.
Wir trafen uns mit einer Reihe von Mathematikpädagogen und fanden heraus, dass derzeit keine solchen Kriterien existierten.

Arbeiten mit Portfolios

4 | Was gehört in ein Portfolio?

Also setzten wir unsere Forschungen fort und lasen alles, was wir über Schreiben im Mathematikunterricht finden konnten. Trotzdem genügte nichts von alledem unseren speziellen Anforderungen. Schließlich stellten wir mit unseren Zweit- und Sechstklässlern ein eigenes Projekt für alle Altersstufen auf die Beine. Es war ein Forschungsprojekt für den Mathematikunterricht, bei dem wir die mathematische Schreibfertigkeit unserer Schüler über einen längeren Zeitraum hinweg dokumentierten. Unsere eigenen Beobachtungen hielten wir in einer Art gemeinsamen Tagebuch fest. Unsere Studien führten schließlich dazu, dass wir ein Kriterienraster für mathematische Schreibfertigkeit entwickelten.

▸▸ Wie entwickelt man ein Kriterienraster für mathematische Schreibfertigkeit?

Das grundsätzliche Vorgehen unterscheidet sich nicht großartig vom Prozedere für jedes andere Kriterienraster. Trotzdem ist es ein bisschen komplizierter.

Um ein gutes Kriterienraster für mathematische Schreibfertigkeit zu entwickeln, müssen Lehrer und Schüler sich in einem speziellen „Mathematik-Jargon" über Begriffe und Konzepte austauschen.

Beim Lernen im Mathematikunterricht spielt Sprache in allen Klassenstufen eine wichtige Rolle. Wenn Schüler im Unterricht mit Lehrern oder anderen Schülern sprechen, hilft ihnen das, sich noch einmal über Konzepte klar zu werden. Sie selbst merken, ob sie die mathematischen Konzepte und Lösungsstrategien wirklich verstanden haben. Außerdem bekommen Sie eine Rückmeldung zu Ihrem Unterricht und können herausfinden, ob Ihre Schüler wirklich alles verstanden haben.

Lehrer und Schüler erarbeiten also zusammen ein Kriterienraster für das Schreiben im Mathematikunterricht. Dazu müssen sie Beispiele für gute, mittelmäßige und schwache Arbeitsergebnisse sichten.

Konzentrieren Sie sich auf die Besonderheiten der mathematischen Schreibfertigkeit. Sie müssen auch erklären, wann mit Schaubildern gearbeitet werden kann und wie Arbeitsergebnisse präsentiert werden sollen. Solche speziellen Aspekte sollten Sie im Kriterienraster festhalten. Je präziser die Kriterien formuliert werden, desto leichter werden die Schüler ihre Arbeiten mit Hilfe des Kriterienrasters bewerten können.

Die Besonderheiten der mathematischen Schreibfertigkeit können von Klassenstufe zu Klassenstufe unterschiedlich ausfallen. Es kommt ganz darauf an, welche Konzepte und Fähigkeiten die Schüler schon beherrschen und was sie noch lernen müssen. Das Kriterienraster für mathematische Schreibfertigkeit einer 2. Klasse könnte z.B. weniger umfangreich ausfallen, als das einer 6. Klasse. Sechstklässler verfügen sowohl im Schreiben als auch in Mathematik über mehr Wissen und Fähigkeiten.

Kriterienraster
für mathematische Schreibfertigkeit

Wie Mathematik-Experten etwas beschreiben (2. Klasse)

- Arbeite mit Zeichnungen oder Schaubildern.
- Benutze mathematische Ausdrücke.
- Zeige an Beispielen, dass du alles verstanden hast.
- Prüfe, ob alles richtig ist.
- Denke an die großen Anfangsbuchstaben und setze die Punkte an die richtigen Stellen.
- Überprüfe, ob deine Erklärungen einen Sinn ergeben.

Wie Mathematik-Experten etwas beschreiben (6. Klasse)

- Beschreibe die Dinge so, als wüsste der Leser nichts über Mathematik.
- Gib Beispiele.
- Prüfe, ob auch alles richtig ist.
- Drücke dich verständlich aus.
- Arbeite mit Schaubildern, Diagrammen und Bildern.
- Benutze mathematische Ausdrücke.
- Versuche, die Dinge auf unterschiedliche Weise zu beschreiben.
- Beziehe das Problem auf eine Situation im richtigen Leben.
- Bleibe bei der Sache.

4 | Was gehört in ein Portfolio?

> Ich habe diesen Text ausgewählt, weil
> ich hier mathematische Begriffe benutzt
> habe. Ich habe das Konzept auf
> unterschiedliche Arten erklärt.
> Ich habe das Prinzip total gut
> verstanden. Und ich habe es mit
> Beispielen erklärt. Mein Ziel war es
> Brüche zu erklären. Jemand, der ein
> Mathe kann, sollte es verstehen.

Diese Sechstklässlerin hat ihre Auswahl sowohl sprachlich
als auch mathematisch sehr gut begründet.

1. November

Ich bin ganz erstaunt, wie schnell viele der Grundschüler
mathematische Fachausdrücke aufgreifen. Die Worte faszinieren sie,
und nach all meinen Jahren als Lehrerin bin ich immer wieder überrascht, wenn sie diverse Begriffe im richtigen Kontext anwenden.
Als ich gestern Abend zu Hause ihre Lerntagebücher las, war mein
Mann schwer beeindruckt, dass sie Wörter wie Ziffer, Winkel,
symmetrisch, Schätzwert und Produkt korrekt benutzen können.

Kay

⤷ Wie entwickle ich mit meinen Schülern ein Mathematik-Vokabular?

Trainieren Sie mit Ihren Schülern mathematische Fachbegriffe. Sie könnten Ihnen z.B. „Mathematik-Fragen" stellen. So entwickeln sie das Vokabular, um über Mathematik zu sprechen und zu schreiben. Diese Fragen könnten so aussehen:

≫ *Welche(n)* _____ *(z.B. Zahl über 400, Primzahl, geometrische Form, Bruch) magst du am liebsten und warum?*

≫ *Inwiefern gleichen sich zwei* _____ *(z.B. Formen, Zahlen, Muster) und worin unterscheiden sie sich?*

≫ *In welchen Situationen brauchst du zu Hause, draußen beim Spielen, im Einkaufszentrum oder auf einer Reise deine Mathematik-Kenntnisse?*

≫ *Was würde passieren, wenn* _____ *(es keine Cent-Stücke gäbe)?*

≫ *Ich frage mich, ob* _____ *(unser Klassenraum über 25 Meter lang ist)?*

≫ *Gibt es etwas, das dich bei der* _____ *(Addition, Subtraktion, Multiplikation, Division, Bruchrechnung) verwirrt hat?*

≫ *Stell dir vor, du bist ein(e)* _____ *(Primzahl, zusammengesetzte Zahl, Hexagon, Viertel, Dezimale). Erzähle mir etwas über dich.*

≫ *Erkläre mir, warum* _____ *(Multiplikation wiederholte Addition ist).*

≫ *Beschreibe, wie* _____ *(du im täglichen Leben Maßeinheiten benutzt).*

≫ *Woher weißt du, dass* _____ *(345 + 256 − 444 = 157) ist?*

⤷ Wie wichtig sind Gespräche für das Lernen?

Es ist wichtig, dass Schüler in allen Klassenstufen und Fächern Gelegenheit bekommen, über das zu sprechen, was sie tun. Durch den Austausch mit einem Partner, einer kleinen Gruppe oder der ganzen Klasse lernen Schüler voneinander. So merken sie, dass man jedes Problem aus unterschiedlichen Blickwinkeln betrachten kann und dass es stets mehrere Möglichkeiten gibt, es zu lösen. Ein Schüler muss die Sprache eines bestimmten Fachgebiets oder Themas verstehen und beherrschen, bevor er sie effektiv und korrekt in schriftlicher Form einsetzen kann.

Sie sollten solche Gespräche und Diskussionen einleiten und dann zuhören. So bekommen Sie Einblicke in die Kenntnisse und Fähigkeiten Ihrer Schüler.

Arbeiten mit Portfolios

4 Was gehört in ein Portfolio?

▸▸ Wie kann ich alle Textarten im Portfolio unterbringen, wenn ich nur ein oder zwei Fächer unterrichte?

Schüler sollten lernen, unterschiedliche Textarten zu schreiben. Das ist keine leichte Aufgabe und es ist sinnvoll, diesen Lehrauftrag auf alle Lehrer, und damit alle Fächer zu verteilen. Im Idealfall haben die Schüler zumindest die wichtigsten Textarten kennen gelernt, wenn sie in die Mittelstufe kommen. Vielleicht beherrschen sie die Textarten noch nicht selbst, aber die wichtigsten werden ihnen zumindest bekannt sein. Sie müssen überprüfen, was Ihre Schüler bereits über die Textarten wissen, und ihre Kenntnisse dann entsprechend erweitern.

Teamarbeit ist ein sehr wichtiger Teil der Erziehungsarbeit und fächerübergreifende Lese- und Schreibfähigkeit wird seit Jahren gefordert. Ein Team von Kollegen muss die Lehrplananforderungen genau kennen und den erforderlichen Unterricht untereinander aufteilen. Mit sorgfältiger Planung kann sich ein Lehrerteam die Verantwortung für die Vermittlung aller Textarten so aufteilen, dass die Schüler ganz natürlich und kontinuierlich weiterlernen.

Wenn die Leistungsbewertung mit Portfolios im Team realisiert wird, werden die Schüler ganz automatisch verschiedene Textarten auswählen, weil sie in unterschiedlichen Fächern unterschiedliche Texte geschrieben haben. Wenn Sie jedoch als einziger Lehrer im Kollegium mit den Portfolios arbeiten, können Sie nur die Textarten ins Portfolio aufnehmen, die für Ihre Fächer am besten geeignet sind.

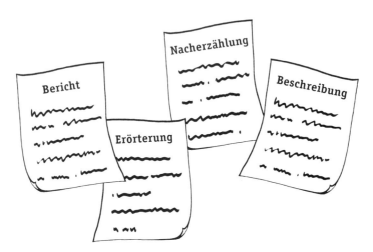

9. Juni

Ich bin jetzt soweit, dass ich die Jahresabschlusszeugnisse schreiben kann. Ich habe jede Menge Daten aus Tests und Schülerbeobachtungen sowie laufenden Aufzeichnungen, schriftlichen Arbeitsproben und den Portfolios zusammengetragen. Wenn ich an diese Bewertungsinstrumente denke, fällt mir eine Frage wieder ein, die während unseres letzten Portfolio-Workshops gestellt wurde: „Benoten Sie die Portfolios?" Das ist eine wirklich schwierige Frage. Es erscheint mir wenig sinnvoll, die Portfolios von Grundschülern zu benoten. Ich brauche nicht das ganze Portfolio mit einer Note zu versehen, um ihre Bemühungen zu erkennen. Trotzdem beeinflussen die von den Schülern gewählten Arbeitsproben auf jeden Fall ihre Endnote, da sie das repräsentieren, was die Schüler wissen und können. Ich bin auch der Meinung, dass das Endprodukt wichtig ist. Aber der Arbeitsprozess, den die Schüler durchlaufen haben, ist auch so bedeutend. Sie haben dabei so viel über ihr eigenes Lernen gelernt. An den Portfolios erkenne ich, dass selbst meine schwachen Schüler Fortschritte gemacht haben. Sie haben vielleicht nicht alle Lernziele erreicht, die für Zweitklässler vorgeschrieben sind, aber sie haben zweifelsohne in allen Bereichen dazugelernt und fühlen sich wohl beim Lernen. Ich sehe vielleicht den Nutzen einer Note für die Portfolios der älteren Schüler, aber bei dieser Altersgruppe müsste ich mich sehr überwinden. *Kay*

⤷ Soll ich die Arbeitsproben, die meine Schüler für die Portfolios ausgewählt haben, benoten?

Das lässt sich nicht so leicht beantworten. Über diese Frage diskutieren Lehrer seit Jahren. Die Leistungsbewertung mit Portfolios läuft während des fortlaufenden Lehr- und Lernprozesses das ganze Jahr über. Ihre Schüler lernen wichtige Fähigkeiten für das weitere Leben, wenn sie Kriterien aufstellen und anwenden, ihre Arbeit organisieren und selbst beurteilen und sich Ziele setzen. Wenn sie an diesem Prozess beteiligt werden, reflektieren sie ihr Lernen.

Arbeiten mit Portfolios

4 | Was gehört in ein Portfolio?

> **Tipp:**
>
> Man kann in jedem Fach Leistungen anhand von Portfolios bewerten. Bei der Gestaltung eines fachspezifischen Portfolios gilt dasselbe Grundprinzip und Verfahren, wie bei einem fächerübergreifenden. Der Fachlehrer befasst sich zunächst damit, die Lehrplananforderungen, Unterrichtsmethoden und angemessenen Bewertungsmethoden in Einklang zu bringen. Dazu arbeitet er mit fachspezifischen Kriterienrastern. Das Modell auf Seite 104 kann als Ausgangspunkt für jedes beliebige Fach dienen, wenn Sie die Arbeit mit Portfolios planen.

Das Portfolio liefert die konkreten Belege, anhand derer sie ihre eigenen Fortschritte und Leistungen beurteilen können. Sie arbeiten mit dem Lehrer zusammen und merken, dass ihr Urteil ernst genommen wird.

Wenn der Lehrer das Abschluss-Portfolio benotet, besteht durchaus die Möglichkeit, dass die ganzen positiven Begleiterscheinungen der Arbeit mit Portfolios zunichte gemacht werden.

Die Schüler betreiben dann vielleicht mehr Aufwand, um eine bessere Note zu bekommen oder zu bestehen, statt ihre Stärken und Schwächen zu artikulieren. Sie könnten sich wieder auf das Urteil des Lehrers verlassen und alles aufgeben, was sie über Selbsteinschätzung gelernt haben.

Die Authentizität der Portfolios wird dadurch abgeschwächt. Die Lernziele, die sich die Schüler selbst gesetzt hatten, werden durch die des Lehrers ersetzt. Kurzum, der Lehrer übernimmt wieder die Rolle des einzigen Gutachters.

Aber ob das Portfolio nun benotet wird oder nicht – der Entstehungsprozess und das Endprodukt beeinflussen den Lehrer. Die Leistungsbewertung mit Portfolios ist so sehr integraler Bestandteil des Lehr- und Lernprozesses, dass sie auf jeden Fall die Endnote beeinflusst – sei es formal oder informell.

Lehrer und Schüler haben das ganze Jahr über gemeinsam daran gearbeitet, die Auswahl der Arbeiten zu bewerten. Da sie mit klassenspezifischen Leistungskriterien arbeiten, sollte das Niveau einer jeden Auswahl am Ende des Schuljahres weder den Schüler noch den Lehrer überraschen.

Sollten ein Lehrer, eine Schule oder ein Bundesland beschließen, dass Schüler-Portfolios formal benotet werden, müssen dabei einige Aspekte berücksichtigt werden:

≫ Im Idealfall arbeiten Schüler schon von den ersten Schuljahren an mit Portfolios. In den ersten Jahren lernen die Schüler sich selbst als Lernende kennen und fangen an, als Bestandteil des Bewertungsprozesses Entscheidungen bezüglich ihrer Arbeit zu treffen. Wenn diese Schüler die Mittel- oder Oberstufe erreichen, sollten sie in der Lage sein, ein gutes Portfolio zu erkennen und ein Bewertungssystem mit Portfolios ansatzweise zu verstehen.

≫ Ältere Schüler betreiben vielleicht mehr Aufwand mit ihren Portfolios, wenn sie wissen, dass sie am Ende eine Note dafür bekommen.

≫ Wenn Portfolios benotet werden sollen, müssen die Kollegen zusammen ein verlässliches Bewertungssystem ausarbeiten. Ein klassenspezifisches Bewertungsschema kann den Schülern helfen, wenn sie ihre Portfolios gestalten und beurteilen. Es ist ganz wichtig, dass Schüler, Lehrer und Eltern das Bewertungsschema für ein qualitativ hochwertiges Portfolio verstehen. Die Schüler müssen eine klare Vorstellung davon haben, wie das Endprodukt aussehen soll und was erforderlich ist, um dorthin zu gelangen.

12. Juni

Es ist Zeit für die Zeugnisse der sechsten Klasse und ich habe alles zusammengesucht, was ich für die Bewertung brauche. Dazu gehören auch Portfolios. Als meine Schüler ihre letzten Arbeitsproben ausgewählt haben, fragte einer von ihnen: „Benoten Sie unsere Portfolios?" Als ich „Nein" sagte, waren sie enttäuscht. Ich habe im Zusammenhang mit Portfolios nie Noten erwähnt und nun tauchen sie plötzlich wieder auf. Ich könnte natürlich ein Bewertungsschema ausarbeiten und sie benoten, aber irgendetwas in mir wehrt sich dagegen. Es käme einem Vertrauensbruch gleich, wenn ich einigen sagen müsste, dass sie das Klassenziel trotz all ihrer Arbeit nicht erreicht haben. Trotzdem müssen sie wissen, wo sie stehen. Angenommen, ich benote ihre Portfolios - bleibt ihre Selbsteinschätzung dann so ergiebig oder sehen bald alle Portfolios gleich aus? Wenn sich die Schüler auf die Note konzentrieren, wäre ich wieder der alleinige Begutachter. Andererseits: Haben die Portfolios ohne eine Note überhaupt eine Bedeutung für die älteren Jahrgänge? Shirley-Dale

Arbeiten mit Portfolios

4 | Was gehört in ein Portfolio?

Empfohlene Inhalte für fächerspezifische Portfolios

**Logisches Denken/
Schlussfolgerungen ziehen**
- Aufsätze
- schriftliche Meinungsäußerungen
- Antworten auf offene Fragen

Einstellung zum Fach
- Lerntagebucheinträge
- Foto des Schülers
  bei der Arbeit
- herausragende Hausaufgabe

**Konzepte und
Begriffe verstehen**
- Arbeitsproben zu ähnlichen Themen,
  die in regelmäßigen Abständen
  eingesammelt wurden
- schriftliche Erläuterungen
- Lerntagebücher
- Fotos von Projekten
- Problemlösungsstrategien

Technische Hilfsmittel
- Computerrecherche
- Nachweis für die Nutzung
  technischer Hilfsmittel
  in einem Fach

*Aufgaben und
Ziele des Faches*

Gruppenarbeit
- Gruppenprojekte
- Selbsteinschätzung
- Foto, Audio- oder
  Videoaufnahme

Transfer
- Zwei Techniken, Vorgehens-
  weisen oder Themen aus
  einem Fach miteinander
  verknüpfen und anwenden
- Wissen und Fähigkeiten
  aus einem Fach in einem
  anderen Fach anwenden
  bzw. übertragen
- Lerninhalte im Alltag
  anwenden können und
  Erfahrungen aus dem
  Alltag in das jeweilige
  Fach einbringen

**Inhaltsverzeichnis
des Portfolios**

**Austausch –
Einbezug von Schüler,
Lehrer und Eltern**
- Reflexionen und Ziele
- Texte des Schülers, in denen er
  die Arbeitsproben erläutert
- Rückmeldung vom Lehrer an den Schüler
- Rückmeldung der Eltern an den Schüler

104

Kapitel 5

Portfolio-Gespräche

*Wir erkennen Fortschritte selten
von einem Tag auf den nächsten.
Wenn aber längere Zeiträume zwischen
den einzelnen Betrachtungen liegen,
erkennen wir plötzlich Veränderungen.
Die Portfolios zeigen auf großartige Weise,
was „work in progress" bedeutet. Bravo!*

Vater eines Sechstklässlers

5 | Portfolio-Gespräche

30. November

Zum Glück sind die Elterngespräche für dieses Halbjahr vorbei. Wir sind alle übermüdet und fühlen uns gehetzt. Allein das Wort „Elterngespräch" ruft uns wieder Bilder von langen Stuhlreihen vor dem Klassenraum ins Gedächtnis, auf denen Eltern sitzen und warten, bis sie an der Reihe sind. Trotz sorgfältiger Terminplanung reicht die Zeit nie aus. Heute Morgen sprachen wir im Lehrerzimmer darüber und dabei kam das Thema Portfolios auf. Einige von uns haben Arbeitsproben aus den Portfolios benutzt, um Noten zu begründen. Aber wir wurden unseren Schülern einfach nicht gerecht. Sie hatten so hart an ihren „Portfolios" gearbeitet und waren aber nicht da, um sie zu präsentieren. Einige der Schüler saßen sogar unruhig draußen auf dem Flur und fragten sich, was wohl über sie gesagt wird.

In unseren Workshops haben Shirley-Dale und ich vielen Lehrern von schülergeleiteten Gesprächen erzählt. Vielleicht ist zumindest unser Kollegium soweit, Elterngespräche offener und produktiver zu gestalten.

Kay

Sich über das Portfolio austauschen

Das Führen eines Portfolios ist an sich schon ein starkes Lerninstrument.
Bei der Arbeit mit Portfolios ist es aber auch enorm wichtig, mit anderen über die Inhalte des Portfolios zu sprechen. Um besser lernen zu können, brauchen Schüler sowohl von Lehrern als auch von ihren Mitschülern gezieltes und angemessenes Feedback. Außerdem müssen sie wissen, wie sie ihre Lernfortschritte selbst beurteilen können.
Die Arbeit mit Portfolios gibt Eltern die Möglichkeit zu sehen, was ihr Kind in der Schule macht. Ein Portfolio zeigt ihnen, was ihr Kind kann und was nicht. So wird die Notengebung auch für die Eltern transparenter. Darüber hinaus können Schüler mit Hilfe eines Portfolios Selbstvertrauen entwickeln und stolz auf ihre Leistungen sein.
Nun stellt sich die Frage, wie man den Eltern das Portfolio ihres Kindes präsentiert.
In diesem Kapitel befassen wir uns mit Elterngesprächen und den Vorteilen von schülergeleiteten Gesprächen.

Elterngespräche und schülergeleitete Gespräche

▸▸ Was sind Elterngespräche?
Elterngespräche finden in der Regel halbjährlich zum Elternsprechtag statt.
Die Eltern kommen in die Schule, um mit dem Lehrer ihres Kindes über allgemeine Probleme und Lernfortschritte ihres Kindes zu sprechen. Früher hatten diese Gespräche einen sehr formellen Charakter: Es kamen zwei Parteien zusammen und eine erhielt Informationen von der anderen. In den letzten Jahren haben diese Gespräche mehr Konferenz-Charakter angenommen: Eltern und Lehrer versuchen gemeinsam, Probleme anzugehen und die Zusammenarbeit zwischen Schule und Elternhaus zu verbessern.
Lehrer haben heute eine ganz andere Vorstellung davon, wie die Kommunikation mit den Eltern ihrer Schüler aussehen sollte.

Arbeiten mit Portfolios

5 | Portfolio-Gespräche

›› Traditionelle Elterngespräche

Der Lehrer informiert die Eltern bei einem formellen Treffen über die Leistungen, die Lernfortschritte und das Verhalten des Schülers. Der Schüler, eigentlicher Protagonist, ist dabei nicht anwesend. Die Informationen über das Leistungsniveau des Schülers werden nur zwischen Lehrer und Eltern(teil) ausgetauscht.
Der Schüler selbst erfährt das Ganze nur aus zweiter Hand. Es gibt Situationen, in denen traditionelle Elterngespräche von Vorteil sein können, z.B. wenn Eltern und Lehrer ohne die Anwesenheit des Schülers vertrauliche Angelegenheiten besprechen möchten.

›› Schülergeleitete Gespräche

Schülergeleitete Gespräche sind Gespräche zwischen Schüler, Lehrer und Eltern bzw. einem Elternteil. Diese Gespräche lassen sich auf unterschiedliche Weise gestalten, aber bei jedem Ansatz wirkt der Schüler aktiv mit.
Die Gespräche sind eine gute Gelegenheit für Schüler, ihre Eltern mit in die Portfolio-Arbeit einzubeziehen und ihnen das Portfolio zu präsentieren. Darüber hinaus können Schüler, Lehrer und Eltern in so einem Gespräch über die Arbeitsergebnisse, das Leistungsniveau und die Lernziele sprechen.

›› Sind Portfolios für schülergeleitete Gespräche erforderlich?

Die Präsentation der Portfolios in Gesprächen ist ein sehr wichtiger Aspekt bei der Arbeit mit Portfolios. Da die Schüler das Portfolio hergestellt und auch die Arbeitsproben dafür selbstständig ausgewählt haben, ist es für sie auch wichtig, es selbst zu präsentieren. Die Arbeit mit Portfolios wird den Schülern nicht auferlegt, sondern ist ein Vorgang, den sie selbst gestalten.
Die vom Schüler ausgewählten Beispiele für ihre besten Arbeitsproben bilden bei dem Gespräch die Diskussionsgrundlage. Die Schüler sollten ihren Eltern und dem Lehrer

- ihre Arbeitsergebnisse selbstbewusst präsentieren,
- sie mit ihren vorherigen Ergebnissen vergleichen,
- die Entwicklung und Fortschritte, die sie im Laufe der Zeit gemacht haben, deutlich machen
- und die Ziele überprüfen, die sie sich gesetzt haben.

Ihre Aufgabe ist es, das Gespräch zu planen und zu organisieren. Der Erfolg eines solchen Gespräches hängt aber oft einfach davon ab, wie gut ein Schüler vorbereitet ist. Sie sollten sich vor dem Gespräch vergewissern, dass der Schüler weiß, was seine Aufgabe ist und warum er an diesem Gespräch beteiligt ist.

Wie beziehe ich die Eltern ein?

▸▸ Wie erkläre ich Eltern, was Leistungsbewertung mit Portfolios und schülergeleitete Gespräche sind?

Informieren Sie die Eltern über die Arbeit mit Portfolios und die schülergeleiteten Gespräche, da sie diese Methoden wahrscheinlich noch nicht kennen werden.
Es wird sich sehr von dem unterscheiden, was Eltern als Schüler selbst erlebt haben. Daher sind sie oft besorgt und fragen, wie aussagekräftig ein solches Bewertungsverfahren ist. Sie verstehen vielleicht nicht, wie und warum diese Veränderungen von Nutzen sein können. Sie sollten rechtzeitig damit beginnen, die Eltern auf das neue Verfahren vorzubereiten und sie „umzuschulen".
Dazu gibt es folgende Möglichkeiten:

- **Informationsveranstaltungen**

  Schicken Sie den Eltern zu Beginn des Schuljahres einen Brief, in dem Sie ihnen mitteilen, dass Sie (oder die Schule) mit Portfolios arbeiten werden. Sie können auch eine allgemeine Informationsveranstaltung anbieten, z.B. am Elternsprechtag. So können im Idealfall alle Eltern darüber informiert werden, dass mit Portfolios gearbeitet wird. Sie sollten den Eltern die zu Grunde liegende „Philosophie" und den unmittelbaren und langfristigen Nutzen von Portfolios erklären. Die Eltern sollten auch die Möglichkeit haben, Fragen zu stellen und Kritik zu äußern. Sie als Lehrer sind dafür verantwortlich, dass Schüler und Eltern die Ziele und Erwartungen, die an die Portfolio-Arbeit geknüpft sind, verstehen. Im weiteren Verlauf des Elternsprechtages können einzelne Lehrer „ihren" Eltern dann die Einzelheiten der Arbeit mit Portfolios erklären und ihnen auch von den schülergeleiteten Gesprächen berichten.

Arbeiten mit Portfolios

5 | Portfolio-Gespräche

Die Eltern sollten in jedem Fach darüber informiert werden, welche Anforderungen in diesem Schuljahr an ihr Kind gestellt werden. Dabei ist es natürlich von Vorteil, wenn sie sich Portfolios aus den Vorjahren ansehen können.

- **Newsletter**
Sie könnten den Schülern einmal im Monat eine Mappe für die Eltern mit Artikeln bzw. Informationen zu pädagogischen Themen mit nach Hause geben. Einige dieser Artikel sollten sich mit der Portfolio-Arbeit befassen. Unmittelbar vor den Elterngesprächen könnten es z.B. Artikel über schülergeleitete Gespräche sein. Die Texte sollten gut lesbar und leicht verständlich sein, also frei von pädagogischem Fachvokabular und verwirrenden Begriffen. Vielleicht lassen Sie unter jedem Artikel ein wenig Platz, damit die Eltern Fragen und Kommentare an Sie zurückschicken können. Auf diese Weise können sich Eltern zu Hause in Ruhe mit den Inhalten auseinandersetzen. Ihre Rückmeldung zeigt Ihnen, inwieweit sie verstanden haben, worum es geht.

- **Den Schülern Arbeiten mit nach Hause geben**
Zu Beginn des Schuljahres sollten Sie feststellen, auf welcher Entwicklungsstufe sich jeder Schüler in Ihrer Klasse befindet und dann die Eltern darüber informieren. Geben Sie den Schülern in regelmäßigen Abständen Arbeitsproben für die Eltern mit, damit sie sehen, was ihre Kinder leisten. Fügen Sie diesen Arbeitsproben Kommentare zu Stärken, Schwächen und Fortschritten bei.
Dieses Vorgehen ist besonders bei Schülern wichtig, die mit ihren Leistungen unter dem Schuljahresniveau bleiben. Bei der Zeugnisvergabe gibt es so keine bösen Überraschungen für die Eltern.
Es ist auch hilfreich, die Eltern mehrmals im Jahr in den Unterricht einzuladen, allerdings nicht kurz vor den Zeugnissen.
Die Schule oder einzelne Lehrer sollten auch in Erwägung ziehen, ob sie vielleicht Schulungen für interessierte Eltern anbieten. Eltern könnten so als freiwillige Helfer im Unterricht mitwirken.

Elternbrief → K O P I E R V O R L A G E ◄

Liebe Eltern,

in diesem Halbjahr möchte ich in meiner Klasse/möchten wir an unserer Schule die Arbeit mit Portfolios einführen. Das Portfolio ist eine Sammlung der besten Arbeitsergebnisse eines Schülers, die er selbst ausgewählt hat. Anhand dieser Arbeitsergebnisse lassen sich Stärken und Schwächen, aber auch die Fortschritte der Schüler ablesen. Das Besondere an der Arbeit mit Portfolios ist, dass Schüler aktiv an der Beurteilung ihrer Leistungen mitwirken. Das Portfolio ist eine von zahlreichen Bewertungsmethoden, mit denen wir im Verlauf des Schuljahres arbeiten werden.

Die Lehrer sammeln zu Beginn des Schuljahres die ersten Arbeitsproben Ihres Kindes ein. Diese kommen in das so genannte „Arbeits-Portfolio".
Im Laufe des Schuljahres wird Ihr Kind

- selbst die besten Arbeiten für das Portfolio auswählen,
- mit den ersten Arbeitsproben vergleichen
- und sie dann beurteilen.

So lernt Ihr Kind Entscheidungen zu treffen, sich selbst einzuschätzen und sich Ziele zu setzen.

Wenn Ihr Kind schon einmal mit Portfolios gearbeitet hat, wird diese Bewertungsmethode einigen von Ihnen vertraut sein. Eltern, die Portfolios noch nicht kennen, möchten wir hiermit ermuntern, sich die Portfolio-Mappen auf unserem Elternsprechtag einmal anzuschauen. Dort werden wir die Arbeit mit Portfolios auch noch einmal ausführlich erklären.

Wir würden uns freuen, Sie am _____ begrüßen zu dürfen.
Wenn Sie noch Fragen haben, zögern Sie nicht und wenden Sie sich an uns.

Fragen: _____

_____

_____

_____

_____

Unterschrift: _____

5 | Portfolio-Gespräche

14. April

Bei unserem Workshop bekamen wir heute ein paar negative Kommentare von einer Lehrerin zu hören, die gleichzeitig als Elternteil sprach. Sie war davon überzeugt, dass schülergeleitete Gespräche Zeitverschwendung seien. Sie hatte die Schule ihres Sohnes besucht und er hatte sein Portfolio präsentiert. Sie fand das wenig beeindruckend, weil sie und ihr Mann bereits alle darin enthaltenen Stücke gesehen, abgezeichnet und wieder in die Schule zurückgeschickt hatten. Offenbar hatte der Lehrer ihres Sohnes nicht verstanden, wie wichtig es ist, dass der Schüler die Portfolio-Inhalte auswählt, über sie reflektiert und sich Ziele für das kommende Halbjahr setzt. Ein Portfolio ist in der Tat nutzlos, wenn es nur eine Sammlung von Arbeitsergebnissen darstellt. *Kay*

▸▸ Sollten die Eltern schon Arbeitsproben sehen, bevor ihnen das Portfolio präsentiert wird?

Das Portfolio ist nicht nur eine Sammlung von Arbeitsergebnissen. Es ist ein Bewertungsinstrument, das die Schüler selbst gestalten. Manchmal haben die Eltern die Arbeitsproben vor den schülergeleiteten Gesprächen schon gesehen, in anderen Fällen wiederum nicht. Einige Lehrer geben ihren Schülern vielleicht bestimmte Aufgaben, Projektarbeiten und Aufsätze mit nach Hause, damit sie sie ihren Eltern zeigen. Manche verlangen sogar, dass die Eltern diese Arbeiten unterschrieben an die Schule zurückschicken. Obwohl solche Arbeitsproben vielleicht als vom Lehrer gewählte Stücke im Portfolio auftauchen, sollte der Inhalt des Portfolios größtenteils aus von den Schülern ausgewählten Arbeitsproben bestehen.

Über ihre eigene Entwicklung zu reflektieren und ihre Gedanken in einem schülergeleiteten Gespräch zu artikulieren, ist eine echte Herausforderung.

Sie sind für ihre Arbeit selbst verantwortlich und legen sich oft mehr ins Zeug, wenn sie wissen, dass sie vor Publikum sprechen. Sie müssen ihren Eltern erklären, warum sie eine bestimmte Note bekommen haben. Es ist nicht mehr nur der Lehrer, der den Eltern berichtet, was die Schüler geleistet haben und wo sie sich noch verbessern müssen. Die Schüler legen fest, wie sie ihre Lernziele erreichen wollen, und gehen damit ihren Eltern, ihrem Lehrer und sich gegenüber eine Verpflichtung ein. Die Eltern erkennen, in welchen Bereichen sich ihr Kind verbessern muss und können es unterstützen, seine Ziele zu erreichen.

Früher wurden Eltern nur gebeten, Arbeiten zu unterschreiben und sie den Kindern wieder mit in die Schule zu geben. Es fand keinerlei Austausch darüber statt, warum der Schüler eine bestimmte Note bekam oder wo er sich verbessern müsste.

Für einige Familien ist es möglicherweise ganz ungewohnt, gemeinsam über Leistungen, Fortschritte und Lernziele zu sprechen. Der Schüler hat Gelegenheit, seine Eltern an seiner Arbeit teilhaben zu lassen und stellt vielleicht fest, dass sie interessiert sind und Unterstützung anbieten. Und die Eltern erkennen ihrerseits, wie viel Mühe sich ihr Kind gibt.

▸▸ Wie reagieren Eltern auf schülergeleitete Gespräche?

Viele Eltern sind ganz überrascht, dass die Schüler gelernt haben, Entscheidungen bezüglich ihrer Arbeit zu treffen und sie allein bewältigen und organisieren. Wenn sie ihre Kinder als „Führungskraft" erlebt haben, entwickeln Eltern häufig eine neue Art von Respekt für ihre Kinder. Einige Eltern sagten nach dem Gespräch, ihnen sei nicht klar gewesen, dass ihre Kinder so viel gelernt haben. Eltern, Schüler und Lehrer haben Gelegenheit, Ziele zu besprechen und darüber zu diskutieren, wie sie erreicht werden können.

Arbeiten mit Portfolios

5 | Portfolio-Gespräche

Portfolio – Fragebogen

Name des Kindes: Anna   Datum: 19. August 03

Ihr Kind arbeitet seit einem Jahr mit Portfolios.
Wir würden uns über ein Feedback von Ihnen zu der
Arbeit mit Portfolios freuen.
Bitte beantworten Sie folgende Fragen:

1. Können Sie die Entwicklung Ihres Kindes anhand
   des Portfolios besser nachvollziehen?
   Wenn ja, inwiefern?

Ich sehe an den Arbeitsproben, dass sich
Anna im Vergleich zum letzten Jahr
sehr verbessert hat. Ich finde es wirklich
sinnvoll, die Arbeitsproben vom Vorjahr
zum Vergleich heranzuziehen.

2. Haben Sie Anregungen oder Änderungsvorschläge
   für die Arbeit mit Portfolios?

Ich würde gern einige von Annas Klassen-
arbeiten im Portfolio sehen. Ich gehöre zu
der Generation, die immer noch sehr auf
Noten fixiert ist. Wenn einige der
Arbeiten ins Portfolio kämen, kann ich
Annas Leistung besser einschätzen.

Rückmeldung einer Mutter
zu einem schülergeleiteten Gespräch

Praxisbeispiel:

Elternkommentare
zu Portfolio-Präsentationen

⟫ *„Für ihre Präsentation überließen wir unserer Tochter das Wohnzimmer. Wir konnten kaum glauben, wie gut sie sich auf ihren Vortrag vorbereitet hatte. Ihr Vortrag dauerte etwa 45 Minuten und war sehr informativ und interessant. Diese Portfolios sind eine großartige Idee: Sie stärken das Selbstvertrauen der Kinder ganz enorm.“*

Mutter einer Schülerin,
die das Portfolio zu Hause präsentierte

⟫ *„Es hat Spaß gemacht, unseren Sohn bei der Präsentation zu erleben. Er hat das wirklich großartig gemacht. Er war ganz begeistert, dass er uns seine Arbeiten zeigen konnte.“*

Vater eines Viertklässlers

⟫ *„Es wäre schön, wenn meine Tochter ihr Portfolio in jedem Schuljahr weiterführen könnte. So könnte sie immer neue Arbeitsproben ergänzen und man könnte sehen, welche Fortschritte sie im Laufe der Jahre macht.“*

Vater einer Zweitklässlerin

⟫ *„Ich halte die Portfolios für ein ausgezeichnetes Bewertungsinstrument, um die Stärken und Schwächen eines Kindes zu zeigen. Außerdem kann sich das Kind kritisch mit seiner eigenen Arbeit auseinandersetzen.“*

Vater eines Siebtklässlers

⟫ *„Ich habe gesehen, wie mein Sohn sein Portfolio präsentiert hat und fand es recht beeindruckend, aber ich weiß trotzdem nicht, wo er innerhalb der Klasse steht. Ich möchte einen Termin machen, um allein mit dem Lehrer zu sprechen und herauszufinden, wie gut mein Sohn tatsächlich vorankommt.“*

Mutter eines Sechstklässlers

⟫ *„Es hat viel Spaß gemacht, den Unterricht zu besuchen und zu sehen, wie meine Tochter arbeitet und von den unterschiedlichen Lernbereichen im Klassenraum erzählt. Ich war erstaunt, wie viel sie bei scheinbar spielerischen Aktivitäten tatsächlich lernt.“*

Mutter einer Erstklässlerin

Arbeiten mit Portfolios

5 | Portfolio-Gespräche

>> „Das Portfolio ergänzt das Zeugnis nur dadurch, dass es die Fortschritte eines Schülers zeigt. Es ist wenig hilfreich, wenn Eltern die Anforderungen für die entsprechende Entwicklungsstufe nicht kennen. Ein Kind verbessert sich vielleicht nur geringfügig und erreicht trotzdem das Klassenziel. Oder es zeigt in seinem Portfolio bemerkenswerte Verbesserungen, erreicht das Klassenziel aber nicht."

Mutter einer Drittklässlerin

>> „Ich halte die Arbeit mit Portfolios für eine großartige Methode, weil sie den Kindern ermöglicht, ihre eigene Arbeit zu analysieren. Und sie können stolz auf ihre Fortschritte sein, die sie durch Vergleiche mit älteren Arbeiten erkennen. Wenn sich die Kinder Ziele setzen und dann prüfen, wie viele sie davon erreicht haben, gibt ihnen das große Befriedigung."

Mutter eines Fünftklässlers

>> „Das ist das erste Mal, dass meine Tochter mich an ihrer Arbeit teilhaben lässt."

Vater einer Achtklässlerin

>> „Jetzt habe ich endlich einen Überblick über die Leistungen meines Sohnes. Früher gab es nur Noten, Noten für Klassenarbeiten, Noten für Referate und Noten am Ende des Halbjahres. Aber die Noten waren für mich nicht aussagekräftig. Jetzt weiß ich, warum mein Sohn diese oder jene Note bekommen hat und wofür sie steht."

Vater eines Siebtklässlers

>> „Seit in der Schule unseres Sohnes mit Portfolios gearbeitet wird, ist er wie ausgewechselt: Es macht ihm Spaß, seine Arbeiten selbst zu beurteilen und sich neue Lernziele zu setzen. Er merkt, dass er mehr Verantwortung trägt und das tut ihm gut. Wir sind stolz auf ihn!"

Eltern eines Sechstklässlers

>> „Ich finde es sehr gut, dass meine Tochter am Elterngespräch teilgenommen hat und es sogar selbst geleitet hat. Warum soll sie nicht wissen, worüber ich mit ihrer Lehrerin spreche? Es geht doch schließlich um sie!"

Mutter einer Fünftklässlerin

▸▸ Was mache ich, wenn sich meine Schüler auf ein Gespräch vorbereitet haben und die Eltern nicht kommen wollen?

Es gibt viele Gründe, warum Eltern nicht in die Schule kommen wollen. Oft sind es Eltern, die in ihrer eigenen Schulzeit schlechte Erfahrungen gemacht haben und eingeschüchtert sind. Sie betrachten den Lehrer als Autoritätsperson und wollen die Vergangenheit nicht wieder aufleben lassen. Wenn sie jedoch erfahren, dass ihr eigenes Kind das Gespräch leitet, sind sie meistens eher bereit, daran teilzunehmen. Die Haltung dieser Eltern ändert sich oft mit der Zeit: Sie erkennen, dass sie einen wichtigen Beitrag zum Gesamtprozess leisten.

Wenn Eltern trotzdem nicht an einem Gespräch teilnehmen möchten, sollten Sie das Problem anders angehen. Bemühen Sie sich zuerst intensiv um die Anwesenheit der Eltern:

≫ Kontaktieren Sie sie direkt.
≫ Kommen Sie ihnen mit dem Termin entgegen.
≫ Bauen Sie ein harmonisches Verhältnis zu ihnen auf.

Wollen sie dann immer noch nicht zum Gespräch kommen, sollten Sie vorschlagen, das Gespräch ohne Ihre Anwesenheit zu Hause stattfinden zu lassen. Nach diesem Gespräch können die Eltern eine schriftliche Rückmeldung an Sie schicken und berichten, wie sie das Gespräch fanden.

> Unser Gespräch mit Christian am 7.1.03
>
> Christian hat uns alle seine Arbeiten präsentiert und erklärt. Es hat Spaß gemacht, ihm dabei zuzuschauen.
> Jetzt weiß ich, was er in diesem Halbjahr in der Schule gemacht hat und welche Ziele er sich im nächsten Halbjahr gesetzt hat. Das gibt mir ein gutes Gefühl – und ich glaube ihm auch.

Schriftliches Feedback eines Vaters nach der Portfolio-Präsentation zu Hause.

Arbeiten mit Portfolios

5 | Portfolio-Gespräche

30. März

Im Lehrerzimmer sprechen wir immer noch über unsere Erfahrungen mit den schülergeleiteten Gesprächen. Es ist fast so, als hätten wir ein wichtiges Spiel gewonnen und müssten immer wieder davon erzählen. Dabei kam die Frage auf, ob die Schüler die Gespräche genauso ernst genommen haben wie wir. Eine Kollegin erzählte uns, dass die Zwillingsbrüder aus ihrer ersten Klasse in Anzügen zum Gespräch gekommen seien. Ihre Portfolios trugen sie wie Aktentaschen unter dem Arm. Während einer von ihnen den Eltern das Portfolio zeigte, wartete der andere ganz ruhig draußen vor dem Klassenraum, bis er an der Reihe war. Für diese beiden Schüler waren die Gespräche offensichtlich eine ernste Angelegenheit. *Kay*

30. März

Ich glaube, der Aufzug, in dem die Schüler aus meiner sechsten Klasse zu den Gesprächen erschienen sind, beantwortet die Frage, wie wichtig ihnen die Gespräche waren. Wir hatten vorher kein einziges Mal über Kleidung gesprochen, aber mir fiel auf, dass sie alle ihre schönsten Sachen angezogen hatten. Die meisten Jungs hatten Hemden statt T-Shirts an, ein paar von ihnen kamen sogar mit Krawatte. Das zeigt mir, wie wichtig die Schüler und die Eltern die Gespräche genommen haben. *Shirley-Dale*

Planung von schülergeleiteten Gesprächen

⇥ Wann sollten die Gespräche stattfinden?

Das ist ganz unterschiedlich. Es kommt auf die jeweilige Schule, das Lehrerteam oder den einzelnen Lehrer an. Idealerweise sind Schüler zu jedem Zeitpunkt im Schuljahr in der Lage, ein Gespräch zu leiten.

Ein günstiger Zeitpunkt ist gegen Ende des ersten Halbjahres. Die Schüler hatten ausreichend Zeit, sich mit dem Prozedere vertraut zu machen und Selbstvertrauen aufzubauen, um das Gespräch zu leiten. Außerdem gibt es zu diesem Zeitpunkt schon mehrere Fortschritte zu verzeichnen und unterschiedliche Arbeitsproben, an denen man diese Fortschritte ablesen kann.

⇥ Was muss ich bei der zeitlichen Planung der Termine berücksichtigen?

Wer Termine für schülergeleitete Gespräche vereinbaren will, muss flexibel und kreativ sein. Planen Sie mindestens 20 Minuten pro Sitzung ein. Das Kollegium oder Lehrerteam sollte sich gemeinsam darüber Gedanken machen, wie es das Problem der Terminkoordinierung lösen kann. Gehen Sie im Geiste anhand der Klassenliste die betreffenden Eltern durch.

Die folgenden Fragen können Ihnen dabei eine Hilfe sein:

≫ Wessen Eltern sollten auf jeden Fall kommen?

≫ Sind Eltern dabei, die – aus welchen Gründen auch immer – um ein traditionelles Elterngespräch gebeten haben?

≫ Sind Eltern dabei, die mit Ihnen in ständigem Kontakt stehen und den Unterricht im laufenden Schuljahr schon mehrmals besucht haben? Könnten sich diese Eltern das Portfolio vielleicht zu Hause ansehen?

≫ Welche Schüler sind überhaupt in der Lage, ihre Portfolios mit nach Hause zu nehmen und dort erfolgreich allein zu präsentieren?

≫ Welche Schüler würden besonders von einem Dreiergespräch profitieren?

≫ Welche Schüler sind schon bereit für schülergeleitete Gespräche, bei denen der Lehrer gleichzeitig als Moderator für drei oder vier Gruppen agiert?

≫ Sind Sie bereit, auch zu ungewöhnlichen Zeiten zu einem Gespräch in die Schule zu kommen (z.B. abends oder am Wochenende)?

Arbeiten mit Portfolios

5 | Portfolio-Gespräche

Unterschiedliche Gesprächsmodelle

Traditionelles Gespräch
(Eltern/Lehrer)

Jan	– von den Eltern erbeten
Christian	– von den Eltern erbeten
Anne	– Eltern arbeiten tagsüber, Gespräch muss abends stattfinden
Claudia	– von den Eltern erbeten

Zweiergespräch
(Eltern/Schüler/Lehrer zeitweise)

Gruppe 1	Gruppe 2	Gruppe 3
Julia	Johann	Robert
Andre	Susanne	Lisa
Marie	Thomas	Daniela

(überdurchschnittlich gute Schüler)

Dreiergespräch
(Eltern/Schüler/Lehrer)

Janina	– ausgezeichnet, auf Video aufgenommen
Britta	– schüchtern
Eric	– hörgeschädigt
Marc	– Schulwechsler
Patrick	– Eltern sehr skeptisch

Portfolio-Präsentation zu Hause
(Schüler/Eltern in der Woche)

Amanda	– Vater hat Unterricht besucht
Diana	
Alice	
Torsten	
Kevin	– Mutter hat Unterricht besucht

(leistungsstarke Schüler)

Vierer-/Fünfergespräch
(Schülervertreter, Eltern, Schulleiter, Schüler, zwei Lehrer)

Deniz	– Integrationsprobleme wegen Sprachbarrieren
Oliver	– verhaltensauffällig
Katrin	– hochbegabt

Zeitplan:

Montag	16.00–19.30 Uhr	**Traditionelle Gespräche**
Dienstag	16.00–17.00 Uhr	**Vierer-/Fünfergespräche**
Mittwoch		**Zweier-/Dreiergespräche**
	15.00 Uhr Janina	18.30 Uhr Gruppe 1
	15.30 Uhr Britta	19.15 Uhr Gruppe 2
	16.00 Uhr Marc	20.00 Uhr Gruppe 3
	16.30 Uhr Patrick	
	17.00 Uhr Eric	
Donnerstag		**Portfolio-Rückgabe**
Freitag		**Aufräumen und Feiern**

1. Februar

Auf dem Papier sieht immer alles perfekt aus. Wir haben den ganzen Winter Literatur über schülergeleitete Gespräche gelesen und immer wieder drängt sich die große Frage auf: „Woher nehmen wir die Zeit dafür?" Aber wir ziehen es so oder so durch und jeder von uns muss für sich selbst herausfinden, wie. Unser Plan sieht folgendermaßen aus: Jeder von uns macht so viel, wie er meint verkraften zu können. Direkt im Anschluss an die Gespräche tauschen wir uns über unsere Erfolge und Probleme aus. Ich bin gespannt, wie das alles ablaufen wird.

Shirley-Dale

Arbeiten mit Portfolios

5 | Portfolio-Gespräche

▸▸ Wie bereite ich mich auf schülergeleitete Gespräche vor?

Vor dem Gespräch:

≫ Schaffen Sie eine Atmosphäre, in der die Schüler das bevorstehende Ereignis mit Spannung erwarten.

≫ Helfen Sie den Schülern dabei, die Kriterienraster zu benutzen, wenn sie ihre Arbeitsproben auswählen, reflektieren und sich neue Ziele setzen.

≫ Zeigen Sie den Schülern, wie man ein Portfolio präsentiert.

≫ Geben Sie den Schülern Zeit, die Präsentation ihrer Portfolios in Gruppen zu üben.

≫ Deponieren Sie die Portfolios an einem Ort, der während der Gespräche leicht zugänglich ist.

≫ Helfen Sie den Schülern dabei, die Einladungen für ihre Eltern zu schreiben und zu gestalten.

≫ Kopieren Sie die Checkliste für schülergeleitete Gespräche (s. S. 123).

Am Tag des Gesprächs:

≫ Bereiten Sie den Raum vor. Folgende Dinge sollten bei den Gesprächen auf dem Tisch liegen:
- Checkliste für schülergeleitete Gespräche
- Papier und Bleistift für Notizen
- eventuell Kassettenrekorder, Textvorlagen der Leseproben
- Fragebogen für die Reflexionen und Kommentare der Eltern
- Gästebuch für die Eltern

≫ Gehen Sie die Punkte auf der Checkliste für schülergeleitete Gespräche noch einmal mit den Schülern durch.

Nach dem Gespräch:

≫ Sprechen Sie mit Ihren Schülern über die Gespräche. Sagen Sie ihnen, was gut geklappt hat, aber auch, was noch hätte besser laufen können.

≫ Fragen Sie die Schüler, wie ihnen die Gespräche gefallen haben.

≫ Erzählen Sie den Schülern, welche positiven Rückmeldungen und Vorschläge von Eltern, anderen Lehrern und dem Schulleiter kamen.

≫ Feiern Sie mit den Schülern.

Portfolio-Gespräche

Checkliste für schülergeleitete Gespräche ▸▸ K O P I E R V O R L A G E ◂◂

So leitest du ein Gespräch:

☑ *Hake jeden Schritt ab, wenn du ihn erledigt hast.*

☐ **1.** Stimme einen Termin mit deinen Eltern und deinem Lehrer ab.

☐ **2.** Komm mit deinen Eltern zusammen zu dem Gespräch.

☐ **3.** Ermuntere deine Eltern, in das Gästebuch zu schreiben (sofern eins vorhanden ist).

☐ **4.** Präsentiere dein Portfolio. Hole alte und neue Arbeitsproben heraus.

☐ **5.** Zeige alte und neue Arbeitsproben zusammen. Erkläre, inwieweit du dich verbessert hast und was du gelernt hast. Erzähle deinen Eltern von deinen neuen Lernzielen.

☐ **6.** Hake jedes Fach ab, wenn du deine Arbeiten aus dem Fach gezeigt hast.

☐ *Deutsch* ☐ _____

☐ *Mathematik* ☐ _____

☐ _____ ☐ _____

☐ _____ ☐ _____

☐ _____ ☐ _____

☐ **7.** Bitte deine Eltern, den Portfolio-Fragebogen auszufüllen. Lege ihn in dein Portfolio.

☐ **8.** Bedanke dich bei deinen Eltern.

© Verlag an der Ruhr • Postfach 10 22 51 • 45422 Mülheim an der Ruhr • www.verlagruhr.de

Arbeiten mit Portfolios

Schülergeleitete Gespräche einführen

Wenn Sie gerade damit beginnen, traditionelle Verfahren, wie z.B. die Elterngespräche, zu revolutionieren, sollten Sie sich genau überlegen, wie der Veränderungsprozess vonstatten gehen soll. Sie müssen das Ganze sorgfältig planen und herausfinden, was Sie sich, Ihren Schülern und den Eltern zumuten können. Veränderungen brauchen ihre Zeit und jeder Lehrer sollte dabei in seinem eigenen Tempo vorgehen dürfen.

Schülergeleitete Gespräche können von Schüler zu Schüler ganz unterschiedlich verlaufen. Mit Ausnahme von den Fällen, in denen der Schüler sein Portfolio zu Hause zeigt, sollten Sie den Schülern und Eltern bei allen Gesprächen mit Rat und Tat zur Seite stehen.

> **Tipp:**
> Bei den Gesprächen sollten alle Teilnehmer an einem runden Tisch sitzen. So fühlt sich jeder gleichberechtigt.

 Lehrer als Moderator

Der Schüler leitet das Gespräch und präsentiert seinen Eltern das Portfolio. Er vergleicht aktuelle Arbeitsproben mit denen des vergangenen Halbjahres, zeigt Fortschritte und Verbesserungen auf und setzt sich neue Lernziele. Häufig finden im gleichen Klassenraum mehrere Gespräche gleichzeitig statt. Sie moderieren oder kommentieren bei Bedarf und beaufsichtigen das Ganze.

 Dreiergespräch

Bei dieser Art des Gespräches sind Sie, die Eltern und der Schüler anwesend. Den ersten Teil des Gesprächs leitet der Schüler: Er präsentiert sein Portfolio und zeigt seine aktuellen Arbeitsproben. Dann vergleicht er sie mit den Arbeitsproben aus dem vergangenen Halbjahr und erklärt, warum er sich gerade für diese neuen Beispiele entschieden hat.
Der Schüler erklärt, auf welchen Gebieten er Fortschritte gemacht hat und erörtert seine Lernziele für das nächste Halbjahr. Ihre Aufgabe ist es, den

Schüler bei Bedarf zu unterstützen und gegebenenfalls etwas zu kommentieren. Im zweiten Teil des Gesprächs zeigen Sie weitere Arbeitsproben, die die Erläuterungen des Schülers belegen. Erzählen Sie, welche Beobachtungen zum Verhalten des Schülers Sie außerdem gemacht haben. In diesem Zusammenhang können Sie auch Bewertungsschemata, Kriterienraster und die Anforderungen für die Klassenstufe erläutern. Der Schüler bestätigt und ergänzt die Beobachtungen des Lehrers mit detaillierten Angaben. Während der gesamten Konferenz dürfen die Eltern Kommentare äußern und Fragen stellen.

20. März

Die schülergeleiteten Gespräche sind vorbei und mir hat diese Erfahrung Antrieb gegeben. Das war vielleicht eine intensive Woche!

Es war fast ein bisschen wie bei einem Fest, das mit viel Medienrummel und Tamtam beginnt und dann besinnlich mit ernsthaften Erkenntnissen und Reflexionen endet. Beim nächsten Mal ändere ich vielleicht ein paar Kleinigkeiten im Ablauf, aber ich werde daran festhalten, die Gespräche innerhalb von einer Woche zu führen.

Meine Schüler fühlen sich als Gutachter wohl und ich bin mit ihnen zufrieden. Wir haben gemeinsam etwas Neues bewältigt und jetzt gibt es eine Art Pakt oder Bindung zwischen uns. Heute haben wir die Portfolios weggelegt, bis es dann Mitte Juni in die zweite und letzte Zeugnisrunde für dieses Jahr geht. *Shirley-Dale*

Arbeiten mit Portfolios

5 | Portfolio-Gespräche

Praxisbeispiel:

Lehrer berichten über ihre Erfahrungen mit schülergeleiteten Gesprächen

Die folgenden Szenarien dokumentieren erste Erfahrungen von fünf Lehrern mit schülergeleiteten Gesprächen. Sie haben nicht nur Vor- und Nachteile der einzelnen Verfahren, sondern auch Lösungsvorschläge für mögliche Probleme aufgelistet.

Mehrere Gespräche gleichzeitig

Organisation: Der Klassenraum wurde so eingerichtet, dass viele Gespräche gleichzeitig stattfinden konnten. An jedem Tisch leitete ein Schüler sein Gespräch: Jeder ging mit seinen Eltern das Portfolio durch, stellte Vergleiche zu den früheren Arbeitsproben an und setzte sich neue Ziele. Der Lehrer war als Moderator im Klassenraum, kommentierte bei Bedarf hier und dort, und beaufsichtigte das Geschehen. Eltern, die das Gefühl hatten, das schülergeleitete Gespräch sei nicht ausreichend informativ, konnten sich einen Termin für ein Einzelgespräch mit dem Lehrer geben lassen.

Vorteile: • Viele Gespräche gleichzeitig sparen viel Zeit.
• Die Schüler leiteten die Gespräche und der Lehrer konnte sich als Beobachter Notizen machen.

Nachteile: • Weil so viele Personen gleichzeitig im Raum waren, war der Lärmpegel enorm hoch.
• Der Lehrer kann nicht jedem Schüler gleich viel Aufmerksamkeit entgegenbringen.

Mögliche Lösung: Es sollten maximal vier Gespräche gleichzeitig stattfinden.

126

Kindergeleitete Gespräche im Kindergarten

Organisation: Die Eltern wurden eingeladen, ihre Kinder in die Gruppe zu begleiten. Der Erzieher hatte sich auf vier verschiedene Lernbereiche der Kinder konzentriert und vier Stationen aufgebaut. An jeder Station hatte er die jeweiligen Lernergebnisse ausgestellt. Die Kinder gingen mit ihren Eltern von Station zu Station und erklärten ihnen, was sie gemacht haben und worauf es dabei ankam. Die Eltern fragten ihre Kinder, was sie in jeder Lernumgebung gelernt hatten. Auf ein bestimmtes Signal hin wechselten sie im Rotationsverfahren zur nächsten Station. Der Erzieher hatte für jedes Kind ein Portfolio angefertigt und es für die Eltern zur Ansicht ausgelegt.

Vorteile:
- Die meisten Eltern waren sehr beeindruckt von den Lernergebnissen und davon, was die Kinder über ihr eigenes Lernen wussten.
- Einige konnten ihre Stärken schon recht gut verbalisieren. Sie hätten es auch geschafft, ihren Eltern ihr Portfolio selbst zu zeigen.

Nachteile: Einige Kinder brauchten ständig Hilfe.

Mögliche Lösung:
- Die zeitliche Planung wäre effektiver, wenn der Erzieher die Kinder in verschiedene Gruppen einteilt und die Gruppen jeweils im 1-Stunden-Rhythmus durch den Parcours laufen.
- Jede Gruppe sollte aus Kindern auf unterschiedlichem Lernniveau bestehen. So kann der Erzieher sich besser um leistungsschwächere Kinder kümmern.
- Es sollten nicht mehr als sechs Kinder in einer Gruppe sein.

Einzelne schülergeleitete Gespräche

Organisation: Der Lehrer plante die Gespräche zeitlich so, dass sie eine Woche vor dem regulären Elternsprechtag begannen. Er nutzte die Zeiten vor Schulbeginn, über Mittag und nach

Arbeiten mit Portfolios

5 Portfolio-Gespräche

Schulschluss, um jedem Schüler mindestens 20 Minuten für sein Gespräch zur Verfügung zu stellen. Lehrer, Eltern und Schüler setzten sich am runden Tisch zusammen und der Schüler präsentierte seine Auswahl und Reflexionen. Der Lehrer war Zuhörer und Beobachter und gab nur dann einen Kommentar ab, wenn es erforderlich wurde.

Vorteile:
- Die Schüler nahmen das Prozedere sehr ernst. Ihre Vorträge und ihr Wissen über die eigenen Stärken und Ziele waren sehr beeindruckend.
- Selbst junge Schüler können ihre eigenen Leistungen verantwortungsbewusst beurteilen.

Nachteile: sehr zeitaufwändig

Mögliche Lösung: Zwei oder drei Gespräche gleichzeitig stattfinden lassen.

Unterschiedliche Ansätze miteinander kombinieren

Organisation: Der Lehrer sah sich die Klassenliste aufmerksam an und kam zu dem Schluss, dass zwei Arten von Elterngesprächen sinnvoll seien. Einige Eltern musste er aus verschiedenen Gründen dringend allein sprechen. Andere Schüler dagegen konnten ihr Portfolio auch zu Hause zeigen. Für die erste Gruppe von Eltern und Schülern wurden Gesprächstermine vereinbart.
Der zweiten Gruppe wurde angeboten, das Portfolio entweder zu Hause anzuschauen oder einen Termin für ein gemeinsames Gespräch mit Lehrer und Schüler in der Schule zu verabreden. Zehn Schüler machten einen Termin mit ihren Eltern und zeigten ihr Portfolio zu Hause. Der Lehrer bat sie, eine schriftliche Bewertung des Gesprächs einzureichen.
Vier Eltern baten um traditionelle Elterngespräche mit dem Lehrer. Diese wurden über die Woche verteilt geführt. Am Elternsprechtag präsentierten die übrigen Schüler ihre Portfolios im Klassenraum.

Vorteile:
- Dieser Mix war eine gute Lernerfahrung für den Lehrer. Jeder Schüler führte das Gespräch, das am besten zu ihm passte.
- Selbst schwache Schüler erkannten ihre Fortschritte und konnten sie mit Arbeitsproben aus dem Portfolio belegen.

Nachteile: Schüler, die ihre Portfolios zu Hause zeigten, bekamen keine zusätzliche Unterstützung durch den Lehrer.

Mögliche Lösung: —

Vierer- und Fünfergespräche

Organisation: Neben dem Klassenlehrer, den Eltern und dem Schüler nahmen noch ein oder zwei weitere Lehrer an den Gesprächen teil, z.B. Teamkollegen, der Schulleiter, Fachlehrer oder Referendare. Die Schüler dieser Gespräche nahmen an speziellen Förderkursen (DaF) teil oder zeigten Verhaltensauffälligkeiten. Sie präsentierten ihre Portfolios, so gut sie konnten und wurden dabei von den Lehrern unterstützt.

Vorteile:
- Auch schwache Schüler konnten ihre Portfolios mit der Unterstützung des Lehrers präsentieren.
- Die Schüler haben von den Lehrern mehr über ihre Leistungen, Stärken und Fortschritte erfahren.

Nachteile:
- Schwierigkeit, bei so vielen Teilnehmern einen Gesprächstermin zu finden.
- Mehr Zeitaufwand für den Lehrer, da er die Präsentation des Portfolios mit den Schülern gut vorbereiten musste.

Mögliche Lösung: Diese Art des Gesprächs bietet sich für das zweite Halbjahr an, wenn die Schüler nicht mehr so viel Zeit zum Üben brauchen und schon an die Portfolio-Arbeit gewöhnt sind.

Arbeiten mit Portfolios

5 | Portfolio-Gespräche

▸▸ Wann kann ich mit schülergeleiteten Gesprächen anfangen?

Schülergeleitete Gespräche können schon im **Kindergarten** eingeführt werden. Das ist auch eine Frage des Engagements des Erziehers: Er muss sich mit den pädagogischen Grundlagen und dem Konzept intensiv auseinandergesetzt haben. Nur dann kann er beginnen, das Konzept in der Praxis umzusetzen.

An **weiterführenden Schulen** ist der Zeitfaktor oft ein Problem. Arbeiten Sie unbedingt im Team zusammen, wenn Sie vor den Zeugniskonferenzen Hunderte von Schülern in kurzer Zeit berücksichtigen möchten. Wenn jeder Kollege eines 4-köpfigen Lehrerteams seinen Klassenraum für fünf schülergeleitete Gespräche zur Verfügung stellt und diese im 30-Minuten-Takt stattfinden, können jeweils 20 Schüler ihre Portfolios innerhalb einer halben Stunde präsentieren.

Dabei ist es günstig, wenn die Gespräche in benachbarten Klassenräumen stattfinden. Dann können die Lehrer von Raum zu Raum gehen und für alle ansprechbar sein, wenn sie gebraucht werden. Da die Schüler Arbeitsproben aus allen Fächern präsentieren, ist es für sie wichtig, dass ihr jeweiliger Fachlehrer zur Verfügung steht und helfen kann, wenn sie Schwierigkeiten haben.

19. März

Ich kann nur sagen: „Alle Achtung!" Ich war heute so stolz auf meine Schüler. Ich hatte bestimmte Kandidaten für Dreiergespräche ausgewählt und sah ihre stolzen Gesichter, als sie ihre Arbeiten präsentierten. Ich war angenehm überrascht, wie gut sie ihre Arbeitsproben erklärten und erkannten, wo sie sich verbessern müssen. Das war ein glanzvoller Tag für sie. Wenn sie in der Vergangenheit Klassenarbeiten mit nach Hause genommen hatten, war das nicht immer ein Anlass zum Feiern. Eine Mutter beobachtete ihren Sohn mit Tränen in den Augen. Früher war Schule für sie der Ort, wo es schlechte Zeugnisse von den Lehrern gab, hier aber sah sie ihren Sohn in einem neuen Licht. Kay

▸ Sind schülergeleitete Gespräche ihre Mühe wert?

Um ein Portfolio herzustellen und zu präsentieren, brauchen Schüler Fähigkeiten, die ihnen ihr Leben lang von Nutzen sein werden. Wenn sich Schüler an der kritischen und bewertenden Analyse eines Portfolios beteiligen, verstehen sie die Spielregeln im Handumdrehen. Die Fähigkeiten, zu kommunizieren, Entscheidungen zu treffen sowie etwas zu organisieren, sind unbezahlbares Handwerkszeug für ihr weiteres Leben.

Der Nutzen schülergeleiteter Gespräche

Nutzen für den <u>Schüler</u>	Nutzen für die <u>Eltern</u>	Nutzen für den <u>Lehrer</u>
Schüler können	*Eltern können*	*Lehrer können*
• *das eigene Lernen aktiv mitgestalten,* • *eine Auswahl treffen, um ihre Arbeit zu präsentieren,* • *unabhängig und selbstständig lernen,* • *Selbstkritik üben und sich Ziele setzen,* • *etwas über ihre eigenen Lernfortschritte sagen,* • *Fähigkeiten für den Alltag erwerben,* • *stolz auf ihre Leistungen sein und* • *selbstbewusster werden.*	• *aktiv an Gesprächen teilnehmen,* • *Lehrpläne und Lernziele besser kennen lernen,* • *unabhängig vom Leistungsniveau ihres Kindes stolz auf ihr Kind sein,* • *die Lernziele ihres Kindes erkennen und ihm helfen, sie zu erreichen,* • *erkennen, dass sie Teil einer Gemeinschaft von Lernenden sind,* • *das Lernen als lebenslangen Prozess verstehen und* • *aktuelle Arbeitsergebnisse ihres Kindes sehen, die zu den Zeugnisnoten geführt haben.*	• *interaktiv unterrichten,* • *ihre Schüler in die „Geheimnisse" der Bewertung einweihen,* • *die Verantwortung der Gesprächsführung mit den Schülern teilen,* • *analysieren, wie sich ihr Unterricht verbessern lässt,* • *Portfolio-Arbeit, Lehrpläne und die Bewertungsschemata der einzelnen Klassenstufen beurteilen,* • *hohe Anforderungen stellen,* • *die Bewertung als integralen Bestandteil des Unterrichts betrachten,* • *einen Teil der Kontrolle im Bewertungsverfahren abgeben und* • *Zeugnisnoten fundierter begründen.*

Arbeiten mit Portfolios

5 | Portfolio-Gespräche

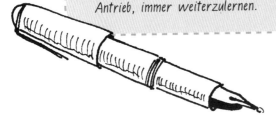

18. Juni

Nun arbeitet unsere Schule seit vier Jahren mit Portfolios und das Kollegium sieht ganz deutlich, was für Fortschritte wir gemacht haben. In den Abschluss-Portfolios unserer Schüler haben wir die Fortschritte unserer Schüler in den letzten vier Jahren dokumentiert. Allen Lehrplanänderungen, personellen Umbesetzungen im Kollegium und zeitintensiven dienstlichen Verpflichtungen zum Trotz hielten wir an unserer Sache fest. Bisher haben Kay und ich zehn Workshops an unserer eigenen Schule und 34 weitere an anderen Schulen durchgeführt. Der Ideenaustausch und die Fragen, die uns unsere Kollegen gestellt haben, gaben uns Antrieb, immer weiterzulernen. *Shirley-Dale*

Kapitel 6

Das Modell des lebenslangen Lernens

*Für mich ist eine gute Schule ein Ort,
an dem alle unter einem Dach lehren und lernen.
Schüler lehren und lernen, Schulleiter lehren
und lernen und Lehrer lehren und lernen.*

Roland Barth

6 | Das Modell des lebenslangen Lernens

10. September

Dies ist schon das siebte Jahr, in dem wir ein wachsames Auge auf unser Portfolio-Projekt haben. Wir haben das Konzept an unserer Schule und in unserer Umgebung langsam, aber stetig weiterentwickelt. Eine Veränderung in einem Schulsystem vorzunehmen, ist so, als wolle man einen Felsen beiseite schieben, der eine Straße blockiert. Die Lehrer kommen zu Beginn fast alle und helfen, wo sie nur können. Endlich bewegt sich der Fels ein Stück zur Seite und ein schmaler Weg tut sich auf. Nun muss aber mit aller Kraft weitergedrückt werden, damit der Weg auch passierbar wird. Denn sobald man locker lässt, rollt der Fels leider wieder ganz entschieden in seine alte, schier unverrückbare Position zurück.

Wir haben trotzdem nicht aufgegeben: Wir haben intensiv geforscht und festgestellt, dass sich Systeme verändern lassen – natürlich nur, wenn die Menschen hinter dem System auch zu Veränderungen bereit sind. Dafür müssen sich Ansichten und Werte ändern. Aber wie lässt sich das bewerkstelligen? Wir haben ein Modell entwickelt, das wir als Modell des lebenslangen Lernens bezeichnen. Es basiert auf all dem, was wir gelernt haben. Wir haben es in unseren Workshops vorgestellt und damit ganz beachtlichen Erfolg gehabt.

Shirley-Dale

Neue Wege gehen

Neue Methoden in der Schule einzuführen ist eine große Herausforderung.
Wie bewirken wir grundlegende Veränderungen an Schulen und was müssen wir tun, um sie dauerhaft zu etablieren?
Bevor Sie an Ihrer Schule neue Wege gehen und altbewährte Methoden und Ansichten über Bord werfen, sollten Sie sich gut in die Thematik einlesen. Das folgende Modell kann Ihnen helfen, neue Methoden an Ihrer Schule zu etablieren.

Das Modell des lebenslangen Lernens

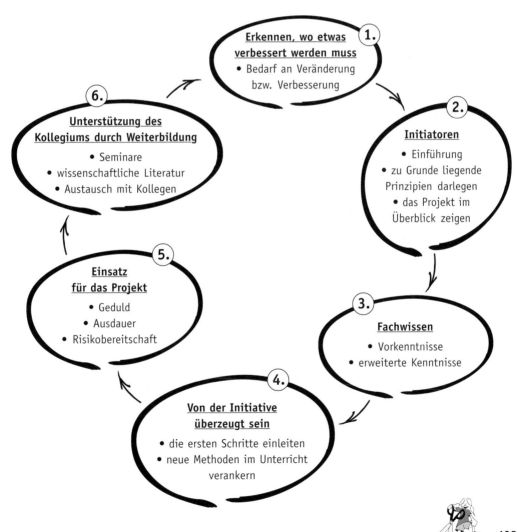

1. Erkennen, wo etwas verbessert werden muss
- Bedarf an Veränderung bzw. Verbesserung

2. Initiatoren
- Einführung
- zu Grunde liegende Prinzipien darlegen
- das Projekt im Überblick zeigen

3. Fachwissen
- Vorkenntnisse
- erweiterte Kenntnisse

4. Von der Initiative überzeugt sein
- die ersten Schritte einleiten
- neue Methoden im Unterricht verankern

5. Einsatz für das Projekt
- Geduld
- Ausdauer
- Risikobereitschaft

6. Unterstützung des Kollegiums durch Weiterbildung
- Seminare
- wissenschaftliche Literatur
- Austausch mit Kollegen

Arbeiten mit Portfolios

6 | Das Modell des lebenslangen Lernens

1. Erkennen, wo etwas verbessert werden muss

Bei jeder neuen Initiative muss zuerst jemand erkennen, dass etwas verändert bzw. verbessert werden muss, z.B. Wissen ausgebaut, Methoden überdacht oder Kompetenzen erweitert.

2. Initiatoren

Die Person oder (noch besser) die Personengruppe, die diesen Bedarf erkannt hat, ergreift die Initiative und übernimmt die Verantwortung dafür, die Veränderungen umzusetzen. Den Initiatoren sollte klar sein, wo sie mit ihren Veränderungen hinwollen und wie ihre Vision in die Praxis umgesetzt werden kann. Sie sollten sich mit aktueller Fachliteratur zum jeweiligen Thema befassen, Weiterbildungsmöglichkeiten nutzen, Schulen besuchen, an denen schon mit einer bestimmten Methode gearbeitet wird, und mit Fachleuten sprechen.
Bei ihrer Arbeit werden sie eine Menge an Informationen zusammentragen, die auch für ihre Kollegen interessant sind, z.B. Bücher, Videos, Adressen etc.
Im nächsten Schritt stellen die Initiatoren ihren Kollegen das Projekt vor: Sie erläutern die zu Grunde liegenden Prinzipien und geben einen Überblick über das Projekt.

3. Fachwissen

Die Initiatoren müssen herausfinden, auf welchem Wissensstand sich jeder ihrer Kollegen befindet. Hier sind die Lehrer die Lernenden, die alle unterschiedlich viel wissen und verstehen. Oft hängt der Erfolg einer Initiative allein davon ab, ob dieser Faktor berücksichtigt wird.
Die Initiatoren sollten auf jeden Kollegen individuell eingehen. Nur so können Wissenslücken geschlossen und Ängste abgebaut werden. Planen Sie ausreichend Zeit für Diskussionen und Gespräche ein.

> **Tipp:**
>
> „Die Gruppe muss den Einzelnen akzeptieren und der Einzelne muss die Gruppe akzeptieren."
>
> Michael Fullan

136

4. Von der Initiative überzeugt sein

Alle Beteiligten müssen von der Idee überzeugt sein, sonst werden sie nicht bereit sein, sich dafür zu engagieren.

Bevor ein Kollegium eine neue Methode bzw. ein neues Projekt einführt, müssen altbewährte Methoden genau untersucht und auf ihre Effektivität hin überprüft werden. Eine neue Methode muss auch zur Schule und zum Kollegium passen.

Alle Lehrer sollten den Lernprozess aktiv mitgestalten, z.B. durch Recherche, neue Ideen oder Kritik.

Tipp:

Wir fragen unsere Kinder routinemäßig: „Was hast du heute in der Schule gelernt?" Ich glaube, es ist genauso wichtig, dass wir uns selbst fragen: „Was hast du heute in der Schule gelernt?"

Ronald Barth

5. Einsatz für das Projekt

Jeder, der ein Projekt verwirklichen will, braucht Geduld, Ausdauer und Risikobereitschaft. Die Initiatoren sollten ihre Kollegen immer wieder motivieren, über Fortschritte auf dem Laufenden halten und jederzeit offen für Kritik sein. Probleme tauchen bei jedem neuen Projekt auf, aber nur durch die Auseinandersetzung mit diesen Problemen kommt man weiter. Am Anfang sind Kollegen oft frustriert und lassen sich leicht demotivieren. Deshalb brauchen sie Lob und Anerkennung für ihre Bemühungen und ihre Beiträge zum Projekt.

6. Unterstützung des Kollegiums durch Weiterbildung

Es ist sehr wichtig, dass sich alle Lehrer gegenseitig unterstützen, wenn sie ihre ersten Erfahrungen in den Klassen machen. Leider fehlt diese Unterstützung in einigen Kollegien, was nicht selten zum Scheitern der Initiative führt. Nehmen Sie an Fortbildungen teil und tauschen Sie sich über Fachliteratur aus. Setzen Sie sich immer wieder mit Ihren Kollegen zusammen. Sprechen Sie über positive und negative Erfahrungen und mögliche Verbesserungen.

6 | Das Modell des lebenslangen Lernens

▸▸ Was mache ich, wenn mehrere Lehrer meines Kollegiums an der neuen Initiative zweifeln?

Es ist immer schwierig, ein komplettes Kollegium für eine neue Initiative zu begeistern. Je mehr Beteiligte es sind, desto schwieriger wird es. Lehrer können aus unterschiedlichen Gründen an neuen Initiativen zweifeln:

≫ Ein Kollege ist neu an der Schule und hat die anfängliche Planungsphase nicht miterlebt. Es ist schwierig, so jemandem die Zweifel oder Ängste zu nehmen, aber nicht unmöglich. Organisieren Sie zu Beginn jedes Schuljahres Informationsveranstaltungen für neue Kollegen. Bitten Sie erfahrene Kollegen, den neuen mit Rat und Tat zur Seite zu stehen.

≫ Wenn ein Kollege nicht bereit ist, seine Methoden zu überdenken und zu verändern, sollte er nicht dazu gezwungen werden. Das sollte den Rest des Kollegiums aber nicht davon abhalten. Natürlich kann es organisatorische Probleme geben, wenn sich ein Lehrer z.B. bei der Arbeit mit Portfolios ausklinkt. Geben Sie die Hoffnung aber nicht auf, ihn doch noch mit auf Ihre Seite zu ziehen: Der Kollege braucht möglicherweise nur mehr Zeit und Unterstützung, um seine Kenntnisse zu vertiefen und Selbstvertrauen im Umgang mit der neuen Methode zu bekommen.

▸▸ Wie kann ich das ganze Kollegium für die Arbeit mit Portfolios begeistern und motivieren?

Planen Sie Ihre ersten Treffen so offen, dass jeder Kollege so viel wie möglich dazu beitragen kann. Bitten Sie alle Ihre Kollegen von Anfang an immer wieder um Hilfe und Unterstützung. Sie sollten ihnen das Gefühl vermitteln, dass jeder von ihnen aktiv an der Planung der Initiative beteiligt ist. Es wird immer Kollegen geben, die mehr Zeit brauchen, mehr über ein Thema lesen möchten und eine Initiative kritisch hinterfragen.

3. September

Wir hatten heute alle einen großartigen Tag. Wir haben einen Workshop an einer Nachbarschule veranstaltet. Als wir am Haupteingang der Schule ankamen, stand dort ein großes Begrüßungsschild mit unseren Namen darauf. Alle Lehrer waren begeistert und wir konnten ihre Energie förmlich spüren. Der Schulleiter und sein Stellvertreter haben die ganze Zeit am Workshop teilgenommen. Das hat uns wirklich angespornt. Durch ihre Teilnahme vermittelten sie dem Kollegium, dass sie die Einführung von Portfolios für ein sehr wichtiges Projekt halten und sich auch persönlich dafür einsetzen. *Kay*

►► Sollte die Schulleitung hinter der neuen Initiative stehen?

Eine gute Führung ist bei jedem Projekt der Schlüssel zum Erfolg. Die Schulleitung sollte sich auf jeden Fall für die Weiterbildung des Kollegiums einsetzen. Nur sie hat die Macht, Veränderungen an der Schule wirklich erfolgreich umzusetzen. Ziel der Schulleitung sollte immer sein, bessere Lehr- und Lernbedingungen an der Schule zu schaffen. In der Realität sieht es aber oft ganz anders aus: Die Leitung einer Schule ist ein zeitaufwändiges Geschäft und Schulleiter sind einer sehr hohen Belastung ausgesetzt. Sie haben häufig gar nicht die Zeit, sich mit der beruflichen Weiterbildung des Kollegiums zu beschäftigen.

Ein einzelner Lehrer oder eine kleine Gruppe von Kollegen hat oft mehr Zeit, sich mit der beruflichen Weiterbildung zu befassen. Sie könnten dem Schulleiter ihre Vorschläge und Pläne unterbreiten und ihn darum bitten, als Leiter oder Initiator zu fungieren. Wenn der Schulleiter zustimmt, wird er ein Mitglied dieses Teams und respektiert und unterstützt die Initiatoren. Umgekehrt könnte der Schulleiter auch einen einzelnen Lehrer oder eine Gruppe von Kollegen mit der Planung einer Initiative beauftragen.

Wer auch immer die Initiative leitet, der Schulleiter ist derjenige, der die Befugnis hat, Veränderungen an einer Schule einzuführen. Er hat die Verantwortung dafür, was an seiner Schule geschieht. Deshalb sollte er auch von Zeit zu Zeit den Unterricht besuchen und beobachten, was dort vor sich geht.

Arbeiten mit Portfolios

6 | Das Modell des lebenslangen Lernens

Egal, wie begabt, innovativ oder kreativ Klassen- oder Fachlehrer sein mögen, sie haben keinerlei Befugnis, ohne die Zustimmung des Schulleiters Veränderungen für andere Klassen festzulegen oder durchzuführen.

⇥ Wie wichtig ist externes Expertenwissen zu Beginn einer Initiative?

Die Konsultation von Experten verleiht einem Projekt Glaubwürdigkeit. Sie sollten Expertenwissen nutzen, da sich viele Probleme und Startschwierigkeiten mit Hilfe von Experten von Anfang an vermeiden lassen. Sie kennen das Konzept und haben eine klare Vorstellung davon, wie die Umsetzung in der Praxis aussehen soll.
Experten können das Kollegium motivieren und schneller voranbringen, weil sie den Beteiligten einen besseren Überblick über das Projekt geben können.

⇥ Funktioniert das „Modell des lebenslangen Lernens" in der Praxis?

Wir haben durchweg positive Rückmeldungen zu diesem Modell bekommen.
Viele Lehrer haben uns berichtet, dass es ihnen mit Hilfe des Modells gelungen ist, sich weiterzubilden und neue Methoden an ihren Schulen einzuführen.
Jede neue Initiative wird durch viele unterschiedliche Faktoren beeinflusst, aber grundsätzlich gilt: Der Erfolg (oder Misserfolg) der Implementierung einer neuen Methode an einer Schule hängt davon ab, ob die wichtigsten Aspekte dieses Modells beachtet werden.

Praxisbeispiel:

Wege zur Zusammenarbeit –
die Geschichte unserer eigenen Schule

↦ Erkennen, wo etwas verbessert werden muss

Unsere Schule befindet sich in einer ruhigen Wohngegend am Stadtrand. Es ist kein herausragendes Gebäude, sondern ein einfacher Backsteinbau, in dem etwa 100 Grundschüler untergebracht sind. Wir Lehrer hatten schon mehrere Jahre ohne große personelle Veränderungen als Kollegium zusammengearbeitet und kannten einander recht gut. Unsere Schule war dazu ausgewählt worden, eine Reihe von pädagogischen Pilotprojekten durchzuführen. Wir sollten der Universität, dem Kultusministerium und anderen pädagogischen Instituten darüber Bericht erstatten.

Wir arbeiteten gern zusammen, tauschten Ideen aus, statteten einander gegenseitig Unterrichtsbesuche ab und diskutierten bei Fortbildungen. Wir entwickelten auch eigene Ideen zur Verbesserung und Erweiterung der Lehrpläne.

Eines Tages trat das Schulamt **mit einer Bitte an uns heran:** Jedes Kollegiumsmitglied sollte einige Fragen beantworten, bei denen es um unsere pädagogischen Grundsätze ging. Schnell wurde klar, dass wir in einigen entscheidenden Fragen sehr geteilter Meinung waren.

Zu diesem Zeitpunkt dachten wir wirklich zum ersten Mal über unsere pädagogischen Grundsätze nach. Und wir begannen sie in Frage zu stellen. Wir waren plötzlich gar nicht mehr einer Meinung und das war uns recht unangenehm. Wie kamen diese unterschiedlichen Meinungen zustande? Das war keine oberflächliche Angelegenheit. Wir vertraten alle ganz klare Ansichten, die, wie wir dann erkannten, direkt an unsere Werte geknüpft waren. An unserer Schule machte sich Unbehagen breit und das Kollegium spaltete sich in unterschiedliche ideologische Lager auf.

In dieser Situation konnten wir nur eines tun: das Problem angehen. Wir befassten uns also mit genau dem Thema, das die Meinungsverschiedenheiten ausgelöst hatte: unsere pädagogischen Grundsätze und unsere Vorstellungen davon, wie Kinder lernen. Wir (Shirley-Dale und Kay) entschieden uns, die Initiative zu ergreifen und nach einer Lösung zu suchen. Wir baten unsere Kollegen, aus jeder Klasse drei Beispiele für schriftliche Schülerarbeiten zu sammeln – eine sehr gute, ein durchschnittliche und eine schwache Arbeitsprobe. Wir fertigten Overheadfolien von den Arbeits-

Arbeiten mit Portfolios   141

6 | Das Modell des lebenslangen Lernens

proben an und führten mit dem gesamten Kollegium eine Diskussion über Schreibfertigkeit und die Qualität schriftlicher Arbeiten. Unsere Ansichten darüber, was wir
als „gute schriftliche Arbeit" bezeichnen würden, klafften weit auseinander.

▸▸ Initiatoren

Wie sollten wir an dieser Situation etwas ändern? Wir beschlossen, unsere Methoden
zur Leistungsbewertung zu untersuchen. Nach einem Gespräch mit unserem Schulleiter bekamen wir die Erlaubnis, einen Workshop zum Thema „Leistungsbewertung"
durchzuführen. Und das nicht etwa, weil wir Experten in Sachen Leistungsbewertung
waren. Tatsächlich wussten wir zu diesem Zeitpunkt nicht mehr und nicht weniger
darüber als die anderen Lehrer. Aber wir erkannten, dass etwas getan werden musste.

▸▸ Fachwissen

Wir richteten unseren Workshop genau auf die Bedürfnisse und Anforderungen
unserer Schule aus. Jede Einheit sollte etwa eine Stunde dauern. In der ersten
Sitzung ermittelten wir, mit welchen Bewertungsmethoden unsere Kollegen bereits
arbeiteten und welche Informationen uns diese Verfahren lieferten.
Bei all unseren Bewertungsmethoden spielten unsere Schüler nur eine passive Rolle.
Wir sammelten Artikel zum Thema „Leistungsbewertung mit Portfolios" und teilten
unsere Kollegen in Zweiergruppen ein. Jede Gruppe bekam einen anderen Artikel.
Bei der Bildung der Gruppen achteten wir darauf, dass jeweils zwei Lehrer zusam-
menarbeiteten, die nicht dieselbe pädagogische Ideologie vertraten. Jede Gruppe
hatte eine Woche Zeit, um den Artikel zu lesen und folgende Fragen zu beantworten:
> ≫ Was ist Ihrer Meinung nach die Kernaussage des Artikels?
> ≫ Was hat Sie gestört oder verwirrt?
> ≫ Hat Sie irgendetwas in diesem Artikel veranlasst,
>   Ihre bisherigen Ansichten in Frage zu stellen?

In der nächsten Sitzung stellte jede Gruppe ihre Ergebnisse vor. Dann wurde heftig
und z.T. sehr emotional diskutiert. Für alle war es wichtig, dass diese Streitgesprä-
che offen ausdiskutiert werden konnten. Die emotionalen Auseinandersetzungen
waren dem ganzen Prozess sogar sehr zuträglich, denn sie zeigten, welche Ansichten
jeder einzelne Lehrer vertrat. Auf dieser Basis mussten wir nun einen Plan ausarbeiten, mit dem das Kollegium die Arbeit mit Portfolios einführen sollte.

Wir fragten sie einfach: „Was möchtet ihr wissen? Was sollen wir euch mitteilen, bevor wir alle beginnen, mit Portfolios zu arbeiten?"

Wir sammelten ihre Fragen, teilten sie in unterschiedliche Kategorien ein und planten die verbleibenden Workshops dementsprechend.

▸▸ Von der Initiative überzeugt sein

Viele Lehrer sagten uns ganz offen, dass sie die Leistungsbewertung mit Portfolios für Schnickschnack hielten. Wir gerieten ins Zweifeln: Ließen wir uns auf eine Eintagsfliege ein, die keinen Lehrplanbezug oder langfristige Konsequenzen hatte? Zu unserer dritten Sitzung luden wir einen Referenten des Kultusministeriums aus dem Referat „Leistungsbewertung" ein. Er sollte uns davon berichten, welche Auswirkungen die Arbeit mit Portfolios aus seiner Sicht hatte. Er sagte uns, dass die Fähigkeiten der Selbsteinschätzung und der Selbstkritik einen immer größeren Stellenwert im Schul- und Berufsleben bekam. Firmen suchten heutzutage nicht mehr nach perfekt ausgebildeten Individuen, sondern nach kreativen Menschen, die auch in der Lage sind, die Dinge kritisch zu hinterfragen. Lebensläufe reichen nicht mehr aus. Bei vielen Firmen will man auch Portfolios mit Werkproben sehen, die belegen, was eine Person kann. Damit motivierte er uns sehr und gab uns weiteren Antrieb, unsere Arbeit fortzusetzen.

Eine Frage, die in unserem Kollegium häufig gestellt wurde, lautete: Wie gelangen wir bei der Bewertung von Schülerarbeiten zu einer gemeinsamen Basis? Wir beschlossen, dieselben Schülerarbeiten zu bewerten, mit denen wir in unserer ersten Sitzung schon gearbeitet hatten, und wollten versuchen, auf einen gemeinsamen Nenner zu kommen.

Wir benutzten die Lehrplankriterien für Schreibfertigkeit und bewerteten die Arbeitsproben Stück für Stück von Neuem. Diesmal beurteilten wir das Leistungsniveau anhand von standardisierten Kriterien. Das war es, was uns zuvor gefehlt hatte. Wir fanden heraus, dass niedrige Erwartungen an die Leistungen des Schülers zu niedrigen Anforderungen führten.

Uns wurde klar, dass Schüler davon profitieren würden, wenn sie ihre eigenen schriftlichen Arbeiten mit Hilfe eines ähnlichen Verfahrens bewerten könnten. Wir beschlossen, die Fortschritte unserer Schüler von Jahr zu Jahr zu verfolgen. Dazu wollten wir schriftliche Arbeitsproben als Belege für ihre Entwicklung benutzen und sie darin anleiten, an diesem Prozess aktiv mitzuwirken.

Arbeiten mit Portfolios

6 | Das Modell des lebenslangen Lernens

Diese Entscheidungen waren der erste große Durchbruch. Sie waren der erste Schritt zur Realisierung einer Leistungsbewertung mit Portfolios. In der letzten Sitzung befassten wir uns dann damit, ein realistisches Pensum für das erste Jahr festzulegen. Was konnten wir im nächsten Jahr tatsächlich schaffen?

‣ Unterstützung des Kollegiums

Im Laufe der Jahre verlief unser Weg oft über unbekanntes Terrain. Wir mussten zurücksetzen, Hindernisse umfahren, nach dem Weg fragen und neue Richtungen festlegen, aber wir waren immer fest entschlossen, unser Ziel zu erreichen. Sieben Jahre später hatten die Sechstklässler in unserer Schule vollständige Abschluss-Portfolios. Ihre ausgewählten Arbeiten mit den Reflexionen und Lernzielen waren wertvolle Bewertungsgrundlagen. Sie dokumentierten eine lange Reise, auf der die Schüler kontinuierlich Fortschritte gemacht hatten. Diesen Weg sind wir als Lehrer, Schüler und Eltern zusammen gegangen und haben dabei Kenntnisse erworben und Einsichten gewonnen, die uns noch nützlich sein werden, wenn diese Reise längst vorüber ist. Oder fängt sie gerade erst an?

18. November

Draußen fällt der erste Schnee in diesem Jahr. Wir sitzen am Computer und während die Autos unten auf den Straßen durch den Schneematsch rutschen, erinnern wir uns an die Anfänge unserer langen Erkundungsreise, die uns dazu brachte, dieses Buch zu schreiben. Wie wichtig war es an jenem Novemberabend festzustellen, dass wir dieselbe Vision hatten! So konnten wir forschen, diskutieren, streiten, einander zustimmen, zusammenarbeiten und uns mit anderen austauschen. Wir haben einen langen Weg hinter uns. Dieser Weg war oft steinig, aber wir haben uns entweder vorangekämpft oder mit viel Humor von vorne angefangen.
Jetzt sind wir soweit - das Manuskript kann in Druck gehen. All unseren Schülern und den Eltern, die uns unterstützt haben, sowie allen Erziehern, die uns begegnet sind, sagen wir „Danke! Ihr wart unsere Inspiration." Kay & Shirley-Dale

Zu guter Letzt

Anhang

Glossar
Über die Autorinnen
Literaturtipps
Links

Glossar zur Leistungsbeurteilung

▸▸ Abschluss-Portfolio

Das Abschluss-Portfolio enthält die besten Arbeiten, die dazugehörigen Reflexionen eines Schuljahres und die Lernziele für das darauffolgende Schuljahr. Idealerweise wandern diese Portfolios von Schuljahr zu Schuljahr mit dem Schüler mit.

▸▸ Anforderung

Lernziel

▸▸ Arbeits-Portfolio

Das Arbeits-Portfolio enthält die Ausgangsbeispiele, die besten Arbeitsproben, Reflexionen und Lernziele des laufenden Halbjahres.

▸▸ Ausgangsbeispiel

Als Ausgangsbeispiele bezeichnet man die ersten Arbeitsproben der Schüler, die ins Portfolio kommen. Sie dienen als Grundlage für die Bewertung der Fortschritte.

▸▸ Beobachtungsbogen

Kriterienbogen, der als Grundlage für Schülerbeobachtungen (z.B. in Freiarbeitsphasen) dient.

▸▸ Beurteilungskriterien

Vor der Beurteilung definierte Lernziele und Anforderungen, die sich aus dem Unterricht generieren und anhand deren die Leistungen und Verhaltensweisen der Schüler gemessen werden.

▸▸ Bildungsstandards

Bildungsstandards benennen die Anforderungen eines Faches und arbeiten die Kompetenzen heraus, die ein Schüler in diesem Fach erlangen sollte. Sie können ein Ideal (Maximalstandard), eine mittlere Niveaustufe (Regelstandard) oder die Mindestanforderungen (Mindeststandard) aufzeigen, unter die kein Schüler zurückfallen sollte.

Bildungsstandards zeichnen sich aus durch:

>> **Fachlichkeit:** Bezug zu einem Fach, dessen Grundprinzipien und Grundanforderungen aufgezeigt werden.

>> **Fokussierung:** Die Standards konzentrieren sich auf den Kernbereich eines Faches.

>> **Verständlichkeit:** Nachvollziehbare Sprache, Knappheit.

>> **Realisierbarkeit:** Die genannten Anforderungen stellen Herausforderungen für die Schüler dar, sind aber trotzdem mit realistischem Aufwand erreichbar.

>> **Kumulativität:** Die Bildungsstandards beziehen sich auf Kompetenzen, die bis zu einem bestimmten Zeitpunkt aufgebaut worden sind, und zielen damit auf systematisches und aufbauendes (kumulatives) Lernen.

>> **Verbindlichkeit für alle:** Die Standards drücken Mindestvoraussetzungen aus, die für alle Schüler verbindlich sind. Diese müssen schulform-übergreifend für alle Schüler gelten.

>> **Differenzierung:** Es wird nicht nur eine Messlatte angelegt, sondern zwischen Kompetenzstufen differenziert, die über/unter bzw. vor/nach dem Erreichen des Mindestniveaus liegen.

▸▸ Formative Leistungsbewertung

Die laufende Bewertung der Schüler innerhalb des Schuljahres.
Die formative Evaluation begleitet und steuert den Lernprozess mit.

▸▸ Kriterienraster

Ein Kriterienraster ist eine Auflistung von Kriterien, die sich aus dem höchsten Niveau eines Bewertungsschemas ableiten.

▸▸ Leistungsbewertung

Unter Leistungsbewertung versteht man die Beurteilung und die Dokumentation der Lernentwicklung und des jeweils erreichten Leistungsstandes eines Schülers.

▸▸ Leistungsermittlung

Bei der Leistungsermittlung werden die Sach-, Methoden-, die sozialen und die personalen Kompetenzen der Schüler festgestellt. Die Leistungsermittlung ist nicht unbedingt mit einer Bewertung verbunden.
Sie kann auch eine diagnostische Funktion haben.

Glossar

▸▸ Leistung

Leistung ist das erfolgreiche Erreichen eines Lernzieles durch persönliche Anstrengung. In der Schule können Leistungen in mündlicher, schriftlicher oder praktischer Form erbracht werden.

▸▸ Pädagogisches Tagebuch

Tagebuchartige Notizen und Verhaltensbeschreibungen der Schüler, die als Grundlage für die zensurenfreie Leistungsbewertung dienen.

▸▸ Pädagogischer Entwicklungsbericht

Ein Zeugnis, das die individuelle Entwicklung des Schülers schildert und gleichzeitig die Unterrichtsbemühungen des Lehrers mitreflektiert. Der pädagogische Bericht dient daher auch der Lehrerselbstbeurteilung.

▸▸ Portfolio

Künstler, Autoren und andere kreative Berufsgruppen bewahren in ihren Portfolio-Mappen ihre repräsentativen Arbeiten auf, wenn sie sich vorstellen. Das Schüler-Portfolio enthält die selbst ausgewählten, besten Arbeitsproben eines Schülers, seine Reflexionen und neuen Lernziele. Das Schüler-Portfolio zeigt dem Lehrer, dem Schüler und den Eltern, was ein Schüler weiß und kann.

▸▸ Schülergeleitete Gespräche

Gespräche zwischen Eltern, Schüler und Lehrer, bei denen der Schüler die Leitung des Gesprächs übernimmt und sein Portfolio präsentiert.

▸▸ Standardisierte Tests

Vergleichstests zur Erfassung kognitiver Fähigkeiten bei Schülern. Normgruppe sind dabei Schüler aus verschiedenen Klassen des gleichen Jahrgangs oder benachbarter Jahrgänge.

▸▸ Summative Leistungsbewertung

Einzelne Beurteilungen aus der formativen Leistungsbewertung werden am Ende eines Halbjahres zu einer Endnote zusammengefasst. Dieses Vorgehen bezeichnet man als summative Leistungsbewertung.

Glossar

▸▸ Vergleichsarbeiten

Schulübergreifende Tests zur Qualitätssicherung eines Jahrgangs innerhalb
eines Bundeslandes, eines Staates oder auf internationaler Ebene.

▸▸ Zielkatalog

Katalog von Zielen, z.B. im Bereich des Arbeits- und Sozialverhaltens.
Zielkataloge können als gemeinsame „Vereinbarung" von Lehrern aufgestellt
werden und als Grundlage für Beurteilungen und Zeugnisse dienen.

▸▸ Zeugnis, normativ

Ein Zeugnis, bei dem der Schüler an von außen gesetzten Anforderungen
gemessen wird. Die Ziele der Beurteilung und des Unterrichts stehen
unabhängig vom einzelnen Schüler fest.

▸▸ Zeugnis, deskriptiv

Die Lernentwicklung des Schülers fließt in die Beurteilung mit ein.
Die Lernprozesse werden nachgezeichnet. Der Schüler wird dabei
nicht an unverrückbaren Normen gemessen.

▸▸ Zeugnis in Briefform

Ein Zeugnisschreiben in Briefform, in dem der Schüler direkt angesprochen wird.
In einem solchen Briefzeugnis werden die Leistungen und Verhaltensweisen des
Schülers ausführlich beschrieben und mit einer persönlichen Note versehen.
Das Briefzeugnis dokumentiert den Lernweg des Schülers, zeigt Höhepunkte und
eventuelle Einbrüche sowie deren mögliche Ursachen auf und nennt wichtige
(Etappen-)Ziele.

Arbeiten mit Portfolios

Über die Autorinnen

Kay Mitchell *(l.)* und **Shirley-Dale Easley** *(r.)* sind vielfach ausgezeichnete Lehrerinnen und haben zusammen 60 Jahre Lehrerfahrung. Gemeinsam arbeiteten sie zwölf Jahre in der Lehrerfortbildung und in verschiedenen Gremien zur Lehrplanentwicklung und Leistungsbewertung.

Kay Mitchell organisierte und leitete zahlreiche Eltern-Workshops zum Thema *„Effektive Lernstrategien"*. Sie nahm an unterschiedlichen wissenschaftlichen Forschungsprojekten teil und analysierte bei ihren Reisen durch Kanada und die USA viele unterschiedliche Lern- und Lehrmethoden.

Shirley-Dale Easley koordiniert in Zusammenarbeit mit der Universität von New Brunswick ein Lehrer-Ausbildungsprogramm für das Königreich Bhutan. Sie veröffentlichte zahlreiche Artikel zu pädagogischen Themen und besuchte Schulen in Europa und Asien.

Während ihrer Arbeit kommen **Kay Mitchell** und **Shirley-Dale Easley** mit vielen Lehrern und Erziehern aus unterschiedlichen Ländern der Welt zusammen und haben Gelegenheit, sich mit ihnen über Lernen und Leistungsbewertung auszutauschen.

Literatur- und Internettipps

Literatur

- *Bostelmann, Antje (Hrsg.):*
  **Das Portfolio-Konzept
  für Kita und Kindergarten.**
  Verlag an der Ruhr 2007.
  ISBN 978-3-8346-0199-5

- *Bostelmann, Antje (Hrsg.):*
  **Das Portfolio-Konzept
  in der Grundschule.**
  Verlag an der Ruhr 2006.
  ISBN 978-3-8346-0137-7

- *Bruner, Ilse; Schmiedinger, Elfriede:*
  **Leistungsbeurteilung in
  der Praxis. Der Einsatz von
  Portfolios im Unterricht
  der Sekundarstufe I.**
  Veritas Verlag 2000.
  ISBN 978-3-464-25067-9

- *Bruner, Ilse; Schmiedinger, Elfriede:*
  **Gerecht beurteilen.
  Portfolio: die Alternative für
  die Grundschulpraxis.**
  Veritas Verlag 2000.
  ISBN 978-3-464-25063-1

- *Grace, Cathy; Shores Elizabeth F.:*
  **Das Portfolio-Buch für
  Kindergarten und Grundschule.**
  Verlag an der Ruhr 2005.
  ISBN 978-3-86072-943-4

- *Raker, Katarina; Stascheit, Wilfried:*
  Was ist Portfolioarbeit?
  Verlag an der Ruhr 2007
  ISBN 978-3-8346-0306-7

- *Scianna, Rosetta:*
  Bewertung im offenen Unterricht.
  Verlag an der Ruhr 2004.
  ISBN 978-3-86072-861-1

- *Wiedenhorn, Thomas:*
  **Das Portfolio-Konzept
  in der Sekundarstufe.**
  Verlag an der Ruhr 2006.
  ISBN 978-3-8346-0152-0

Internet

- **www.portfolio-schule.de/**
  Forum für Lehrkräfte, die mit
  Portfolios arbeiten oder arbeiten
  möchten.

- **www.learn-line.nrw.de/angebote/
  portfoliomk/**
  Informationen zu verschiedenen
  Projekten zum Thema „Portfolio
  Medienkompetenz" und eine
  „Portfolio-Werkstatt" für Lehrer.

- **www.teachsam.de/arb/portfolio/
  portfolio_1.htm**
  Grundlegende Informationen zum
  Portfolio als Instrument zur Doku-
  mentation von Kenntnissen und
  Fähigkeiten und wie man es in der
  Schule – aber auch darüber hinaus –
  sinnvoll nutzen kann.

- **www.educa.ch/dyn/97359.asp**
  Überblick zur Arbeit mit
  ePortfolios im Unterricht.

Verlag an der Ruhr

Postfach 10 22 51
45422 Mülheim an der Ruhr

Alexanderstraße 54
45472 Mülheim an der Ruhr

Telefon 02 08/495 04 900
Fax 02 08/495 04 295

bestellung@verlagruhr.de
www.verlagruhr.de

Es gelten die Preise auf unserer Internetseite.

■ **Erfolgreich unterrichten – Für Profis, Quereinsteiger und Externe**
Tipps zu den 55 häufigsten Stolperfallen
Kathy Paterson
Für alle Schulstufen, 144 S., 16 x 23 cm, Paperback
ISBN 978-3-8346-0340-1
Best.-Nr. 60340
15,80 € (D)/16,25 € (A)/27,60 CHF

■ **Basics für Junglehrer**
Der optimale Einstieg in den Arbeitsplatz Schule
Holger Mittelstädt
Für alle Schulstufen, 201 S., 16 x 23 cm, Paperback
ISBN 978-3-8346-0063-9
Best.-Nr. 60063
17,80 € (D)/18,30 € (A)/31,20 CHF

■ **KlassenlehrerIn sein**
Das Handbuch. Strategien, Tipps, Praxishilfen
Kerstin Klein
Für alle Schulstufen, 174 S., 16 x 23 cm, Paperback, zweifarbig
ISBN 978-3-8346-0154-4
Best.-Nr. 60154
16,80 € (D)/17,30 € (A)/29,50 CHF

■ **Das Trainingsraum-Programm**
Unterrichtsstörungen pädagogisch auflösen
Albert Claßen, Karin Nießen
Kl. 5–10, 151 S., 16 x 23 cm, Paperback, zweifarbig
ISBN 978-3-8346-0149-0
Best.-Nr. 60149
16,80 € (D)/17,30 € (A)/29,50 CHF

Strategien • Tipps • Praxishilfen